Heberth Challco Conza

Ideas nucleares de algunos documentos de la iglesia sobre matrimonio

Heberth Challco Conza

Ideas nucleares de algunos documentos de la iglesia sobre matrimonio

El matrimonio no es felicidad es camino hacia la felicidad

CREDO EDICIONES

Imprint
Any brand names and product names mentioned in this book are subject to trademark, brand or patent protection and are trademarks or registered trademarks of their respective holders. The use of brand names, product names, common names, trade names, product descriptions etc. even without a particular marking in this work is in no way to be construed to mean that such names may be regarded as unrestricted in respect of trademark and brand protection legislation and could thus be used by anyone.

Cover image: www.ingimage.com

Publisher:
CREDO EDICIONES
is a trademark of
International Book Market Service Ltd., member of OmniScriptum Publishing Group
17 Meldrum Street, Beau Bassin 71504, Mauritius

Printed at: see last page
ISBN: 978-620-2-47888-5

IDEAS NUCLEARES DE ALGUNOS DOCUMENTOS DE LA IGLESIA SOBRE EL MATRIMONIO Y LA FAMILIA

ÍNDICE

SIGLAS Y ABREVIATURAS

I. SAGRADA ESCRITURA

Am Amos

Ap Apocalipsis

1 Co 1ª Epístola a los Corintios

2 Co 2ª Epístola a los Corintios

Col Epístola a los Colosenses

Ct Cantar de los cantares

Dn Daniel

Dt Deuteronomio

Ef Epístola a los Efesios

Est Ester

Ex Éxodo

Ez Ezequiel

Flp Epístola a los Filipenses

Ga Epístola a los Gálatas

Gn Génesis

Hb Hebreos

Hch Hechos de los Apóstoles

Is Isaías

Jer Jeremías

Jos Josué

Jn	Evangelio según San Juan
1 Jn	1ª Epístola de San Juan
2 Jn	2ª Epístola de San Juan
3 Jn	3ª Epístola de San Juan
Lc	Evangelio según San Lucas
Lev	Levítico
Mc	Evangelio según San Marcos
Mt	Evangelio según San Mateo
Os	Oseas
1 P	1ª Epístola de San Pedro
2 P	2ª Epístola de San Pedro
Pr	Proverbios
Qo	Libro de Qohélet (Eclesiastés)
Rm	Epístola a los Romanos
Sal	Salmos
Sb	Sabiduría
Si	Eclesiástico
Tb	Tobías
Tit	Epístola a Tito
1 Tm	1ª Epístola a Timoteo
2 Tm	2ª Epístola a Timoteo
1 Ts	1ª Epístola a los Tesalonicenses
2 Ts	2ª Epístola a los Tesalonicenses

II. DOCUMENTOS DEL MAGISTERIO (Concilios; Papas; Congregaciones)

AA	Decreto *Apostolicam Actuositatem*
AG	Decreto *Ad gentes*
AH	Instrucción *Orientaciones educativas sobre el amor humano*
CC	PÍO XI, Encíclica *Casti connubii* (31.XII.1930)
CEC	*Catecismo de la Iglesia Católica* (11.XI.1992)
CFL	JUAN PABLO II, Exhortación Apostólica *Christifideles laici* (30.XII.1988)
DCest	Encíclica *Deus Caritas est*
CIC	*Corpus Iuris Canonici* (Código de Derecho Canónico) (25.1.1983)
DH	CONCILIO VATICANO II, Declaración *Dignitatis humanae* (7.XII. 1965)
DP	Congregación *para la doctrina de la fe Dignitas personae*
DdeV	JUAN PABLO II, *Declaración de Venecia* (10.VI.2002)
DV	CONCILIO VATICANO II, Constitución *Dei Verbum* (18.XI.1965)
Dve	CONGREGACIÓN PARA LA DOCTRINA DE LA FE, Instrucción *Donum veritatis* (24.V.1990)
DVi	CONGREGACIÓN PARA LA DOCTRINA DE LA FE, Instrucción *Donum vitae* (22.II1987)
EV	JUAN PABLO II, Encíclica *Evangelium vitae* (25.III.1995)
FC	JUAN PABLO II, Exhortación Apostólica *Familiaris consortio* (22.XI.1981)
FR	JUAN PABLO II, Encíclica *Fides et ratio* (14.IX.1998)
GrS	JUAN PABLO II, Carta Apostólica *Gratissimam sane* (2.II.1994)
GS	CONCILIO VATICANO II, Constitución *Gaudium et spes* (7.XII.1965)
HP	CONGREGACIÓN PARA LA DOCTRINA DE LA FE, Carta *Homosexualitatis problema* (1.X.1986)
HV	PABLO VI, Encíclica *Humane vitae* (25.VII.1968)

LE	JUAN PABLO II, Encíclica *Laborem exercens* (14.IX.1981)
LG	CONCILIO VATICANO II, Constitución *Lumen gentium* (21.XI.1964)
MD	JUAN PABLO II, Carta *Mulieris dignitatem* (15.VIII.1988)
OAH	CONGREGACIÓN PARA LA EDUCACIÓN CATÓLICA, Instrucción *Orientaciones educativas sobre el amor humano* (1.XI.1983)
PH	CONGREGACIÓN PARA LA DOCTRINA DE LA FE, Declaración *Persona humana* (29.XII.1975)
PpM	Documento *Preparación para el matrimonio*
PP	PABLO VI, Encíclica *Populorum progressio* (26.III.1967)
RH	JUAN PABLO II, Encíclica *Redemptor hominis* (4.III.1979)
RP	JUAN PABLO II, Exhortación Apostólica *Reconciliatio et paenitentia* (2.XII.1984)
SD	JUAN PABLO II, Encíclica *Salvifici doloris* (11.II.1984)
SH	CONSEJO PONTIFICIO PARA LA FAMILIA, Documento *Sexualidad humana: verdad y significado* (8.XII.19995)
VdM	CONSEJO PONTIFICIO PARA LA FAMILIA, *Vademecum para los confesores sobre algunos temas de moral conyugal* (22.II.1997)
VS	JUAN PABLO II, Encíclica *Veritatis splendor* (6.VIII.1993)

III. OTRAS FUENTES (Libros; Colecciones; Diccionarios; Revistas)

AAS	*Acta Apostolicae Sedis. Commentarium officiale*, Romae 1909 (tomo 1) ss.
Ang	Angelicum
D	E. DENZINGER, *Enchiridion Symbolorum, Definitionum et Declarationum de rebus fidei et morum*, Barcinone 1957 (31ª edic.)
DHü	E. DENZINGER—P. HÜNERMANN, *El Magisterio de la Iglesia*, Herder, Barcelona 1999

DS E. DENZINGER–A. SCHÖNMETZER, *Enchiridion Symbolorum, Definitionum et Declarationum de rebus fidei et morum*, Barcinone-Friburgi Brisgoviae-Romae-VeoEboraci 1967

DETM L. ROSSI- A. VALSECCHI, *Diccionario enciclopédico de Teología Moral*, Madrid 1978

DTM A. FERNÁNDEZ, *Diccionario de Teología Moral*, Monte Carmelo, Burgos 2004.

EF A. SARMIENTO–J. ESCRIVÁ, *Enchiridion Familiae. Textos del Magisterio Pontificio y Conciliar sobre el Matrimonio y la Familia (Siglos I al XX)*, 10 Vols., Pamplona 2003 (2ª edc.)

IgViv *Iglesia Viva*

NDMC H. ROTTER-G. VIRT, *Nuevo Diccionario de Moral Cristiana*, Herder, Barcelona 1993

PG J. P. MIGNE, *Patrologiae Cursus Completus*. Series Graeca, Parisiis 1844 (tomo 1) ss.

SalTer *Sal Terrae*

ScCatt *Scuola Católica (La)*

SCh *Sources Chrétiennes*

CST *Scripta Theologica*

Sent Sto. TOMÁS DE AQUINO, *In Sententiarum libros Commentarium*

S.Th Sto. TOMÁS DE AQUINO, *Summa Theologiae*

TexB A. SARMIENTO, *El don de la vida. Textos del Magisterio Pontificio sobre Bioética*, Madrid 2003 (2ª edc.)

IV. OTRAS ABREVIATURAS MÁS USADAS

cap capítulo

CDF Congregación para la Doctrina de la fe

CEE Conferencia Episcopal Española

cn	canon
Conc	Concilio
Const	Constitución
Decl	Declaración
Decr	Decreto
Enc	Encíclica
Inst	Instrucción
P	página
Pp	páginas

INTRODUCCIÓN

Frente a los diversos ataques a la concepción cristiana de la sexualidad, del matrimonio y de la familia, la Iglesia jamás ha dejado de defender la verdad sobre estas realidades: Concilio de Trento, Concilio Vaticano II, diversas encíclicas papales, etc.

La Iglesia, fiel a su misión, sigue con especial atención los cambios sociales, culturales y religiosos que afectan al matrimonio y la familia. En esta investigación abordaré los problemas del matrimonio y la familia a la luz del misterio de Cristo y del Magisterio de la Iglesia, teniendo como base algunos documentos de la Iglesia. El objetivo es acercarme a algunos documentos de la Iglesia sobre algunos temas matrimoniales y familiares para, posteriormente, extraer las ideas más importantes de cada documento. Concluiré con una síntesis personal.

La aceleración histórica actual está poniendo en crisis a muchas personas e instituciones, y esto también repercute con fuerza sobre la realidad matrimonial y familiar.

Juan Pablo II dirá que la familia es la célula fundamental de la sociedad, cuna de la vida y del amor en la que el hombre "nace" y "crece" (ChL 40). En el seno de la familia es donde la persona humana comienza y lleva a cabo su integración en la sociedad. En la familia, como escuela de virtudes sociales, se forman los ciudadanos que han de ser el alma de la vida y del desarrollo de la sociedad.

La familia se fundamenta sobre el matrimonio, y este se orienta a la familia. Como señala Juan Pablo II, es el matrimonio el que decide siempre sobre la familia en la historia del hombre como en la historia de la salvación (Cfr. *Homilía,* 12.x.1980,5). De él, en efecto, la familia recibe su configuración y dinamismo. Ésta es la razón de que el estudio de la familia debe aparecer siempre vinculado al del matrimonio, que es su origen y su fuente (Cfr. GS 48). Pero penetrar en la verdad última del matrimonio exige partir de la consideración sacramental de esa realidad.

Este trabajo de investigación esta dividido en cinco capítulos. En cada capítulo analizaré diversos temas sobre el matrimonio y la familia.

Entre matrimonio, persona y sexualidad existe una intrínseca implicación: el concepto de matrimonio está ligado necesariamente al valor y significado que se atribuya a la sexualidad, la que, a su vez, depende de una concepción antropológica previa. Analizar la relación entre persona y sexualidad es el intento de este primer capítulo.

En el ejercicio de la sexualidad humana están implicados unos bienes de tal naturaleza que trascienden la voluntad de los individuos. Por otro lado, en cuanto realidad socio-cultural, el matrimonio está sometido al devenir de la historia y al pluralismo de las culturas. En el segundo capítulo analizaré la relación que existe entre la sexualidad e institución y, en concreto, de qué manera la institución matrimonial sirve para realizar el bien y el perfeccionamiento de los esposos.

En el tercer capítulo profundizaré los desafíos actuales de cierta visión de la persona y de la sociedad para el matrimonio y la familia: sobre la revolución sexual e ideología del género; la disolución de la imagen del hombre; y sobre la secularización del matrimonio.

El cuarto capítulo estará dedicado especialmente a los problemas de la inseparabilidad de los significados unitivo y procreativo del acto conyugal: la apertura a la fecundidad del acto conyugal; paternidad-maternidad responsable; y mentalidad anticonceptiva.

El acto conyugal es un acto de amor, de donación amorosa recíproca entre los cónyuges. Ciertas técnicas de procreación artificial no son coherentes con la dignidad de la persona humana porque tratan a la persona engendrada como un objeto. En el quinto capítulo se tratará sobre los criterios que determinan la moralidad de las técnicas de ayuda a la fertilidad humana.

La bibliografía que emplearé en este trabajo se basará en algunos documentos del Magisterio de la Iglesia y algunos manuales de Teología.

PRIMERA PARTE

RAÍCES ANTROPOLÓGICAS DE LA INSTITUCIÓN MATRIMONIAL

CAPÍTULO I

VERDAD Y SIGNIFICADO DE LA SEXUALIDAD HUMANA

Entre el matrimonio, la persona y la sexualidad existe una intrínseca implicación: el concepto de matrimonio está ligado necesariamente al valor y significado que se atribuye a la sexualidad, la que, a su vez, depende de una concepción antropológica previa. La sexualidad tiene que ser expresión de la persona en cuanto tal y estar al servicio de la persona misma.

Partiendo de este presupuesto, la propuesta que a continuación se presenta quiere mostrar cómo para una valoración acertada de la sexualidad sólo sirve una concepción de la persona que explique en la unidad del ser humano "*corpore et anima unus*" las diversas dimensiones y significados de la sexualidad.

Analizar la relación entre persona y su condición sexual es el objetivo de este capítulo. También el modo de hacer que el lenguaje de la sexualidad responda al bien de la persona.

Tres son los puntos fundamentales a considerar:

1. La sexualidad es una dimensión constitutiva de la persona.
2. La sexualidad está orientada esencial y constitutivamente al amor y a la procreación.
3. Después del desorden introducido en la sexualidad por el pecado original la integración de esos dos significados en el bien de la persona sólo es posible por medio de la virtud de la castidad[1].

1. UNIDAD Y SIGNIFICADO DE LA SEXUALIDAD HUMANA

1.1. *Los problemas que se suscitaron en la historia sobre la unidad y el significado de la sexualidad*

Como se puede constatar tras la publicación de la Encíclica *Humanae vitae*, comienza a ser masiva la difusión de una valoración ética de la sexualidad claramente diferente de etapas anteriores y también de otras valoraciones que en esta misma época se ofrecen por otros autores. Un ejemplo claro es lo sucedido con la enseñanza de la

---

[1] Cfr. A. Sarmiento, *El Matrimonio cristiano*, EUNSA, 2012, p. 35.

Encíclica. Como bien se sabe, *Humanae vitae*, a propósito de un problema bien concreto, la moralidad del uso de los contraceptivos orales, hace una afirmación ética clara: la contracepción es intrínsecamente mala. Así lo exige "la inseparable conexión, que Dios ha querido y que el hombre no puede romper por propia iniciativa, entre los dos significados del acto conyugal: el significado unitivo y el significado procreador"[2]. La Encíclica, siguiendo al Concilio Vaticano II, deduce este principio de la consideración "de la misma naturaleza del matrimonio y de sus actos" (*Gaudium et epes*: "de la naturaleza de la persona y de sus actos")[3].

Es una exigencia de la naturaleza de la relación y donación propias del matrimonio y del amor conyugal que, por ir "de persona a persona", abarca el bien de toda la persona[4]. La condición personal del amor conyugal y del acto conyugal como expresión de ese amor reclama esa inseparabilidad. Y lo pide como cauce y garantía de autenticidad: tan sólo de esa manera el lenguaje de la sexualidad propio de la relación conyugal responde a la verdad de la donación que está llamada a expresar.

Desde el punto de vista de una antropología cristiana el cuerpo no es una añadido a la persona, sino que está integrado en ella, es un elemento esencial. En efecto, la dimensión ética sexual pertenece al ser de la persona. No puede entenderse nada en esta ética sin entender a la persona, su existencia, su actividad y sus posibilidades. El orden personal es la única plataforma correcta para las reflexiones en materia de ética sexual. La fisiología, la medicina y demás ciencias del hombre sólo pueden completarla, pues ellas mismas no crean bases suficientes para la comprensión del amor y la responsabilidad, base de las relaciones mutuas con la persona de sexo diferente[5].

1.2. *Presupuestos para una ética de la sexualidad*

La sexualidad tiene que ser la expresión de la persona en cuanto tal y estar al servicio de la persona misma. Partiendo de este mismo presupuesto, la propuesta que a continuación se presenta quiere mostrar cómo para una valoración acertada de la sexualidad sólo sirve una concepción de la persona que explique en la unidad del ser humano – *corpore et anima unus*- las diversas dimensiones y significados de la sexualidad.

a) La sexualidad, dimensión constitutiva de la persona

La verdad y el sentido de la sexualidad humana sólo se entienden si se parte de una concepción unitaria del ser humano.

---

[2] PABLO VI, *Encíclica Humana vitae* (25. VII. 1968), 12 (En adelante HV).

[3] Cfr. HV 10; CONC. VAT. II, Constitución Pastoral *Gaudium et spes* (7. XII. 1965), 51. (En adelante GS).

[4] Cfr. GS n. 49.

[5] Cfr. K. WOJTYLA, *Amor y responsabilidad*, Barcelona 1996, p. 20.

La sexualidad es una dimensión de la persona, porque de no serlo habría que considerarla como una realidad extrínseca y accidental al ser humano. Pero en sentido positivo, ¿qué quiere decir que la sexualidad pertenece al ser de la persona? Dado que el ser humano es la totalidad unificada de cuerpo y espíritu, esa es la realidad que llamamos hombre y que no hay otra forma de existir que siendo hombre o mujer, la masculinidad y feminidad es constitutiva del ser humano; o con otras palabras, la sexualidad es una dimensión constitutiva de la persona humana[6]. La conclusión inmediata de estas dos nociones, la unidad sustancial de la persona y la sexualidad como modo de ser de la persona, constituye el fundamento antropológico y teológico de la ética de la sexualidad[7].

"Sexualidad" es una palabra que sirve para designar realidades diferentes o, mejor dicho, diferentes dimensiones o niveles de la misma realidad. A veces se refiere a la "genitalidad" (también llamada "sexualidad genital"). En este sentido se alude a cuanto tiene relación directa con los órganos sexuales y con su actividad. Pero la sexualidad no se reduce a genitalidad. Hay que tener presente las otras dimensiones de la sexualidad: psicológica, placentera, espiritual, social y cultural.

Es una distinción que es necesario tener en cuenta, porque, según los contextos, se señalan dimensiones de la persona claramente diferentes, aunque íntimamente relacionados. Una cosa es el "ser sexuado" y otra, muy distinta, cuanto se relaciona con "los órganos sexuales" y su "ejercicio"[8].

Como dimensión de la persona, la sexualidad es, en sí, una realidad compleja que afecta a la persona en su núcleo más íntimo (Cfr. Exhortación Apostólica *Familiaris Consortio*, n. 11).

a.1. El hombre "corpore et anima unus" (Gaudium et Spes, n.14): la unidad substancial de la persona humana

"En la unidad de cuerpo y alma, el hombre, por su misma condición corporal, es una síntesis del universo material, el cual alcanza por medio del hombre su más alta cima y alza la voz para la libre alabanza del creador. No debe, por tanto, despreciar la vida corporal, sino que, por el contrario, debe tener por bueno y honrar a su propio cuerpo, como criatura de Dios que ha de resucitar en el último día" (GS, n.14).

---

[6] La sexualidad afecta a toda la amplia variedad de estratos o dimensiones que constituye la persona humana. La persona humana es hombre o mujer, y lleva inscrita esta condición en todo su ser. Cfr. A. RUIZ, La *sexualidad humana*, en N. LÓPEZ-MORATALLA (ed.), *Deontología biológica*, Pamplona 1987, p. 265. La sexualidad humana no sólo afecta al cuerpo, sino también al espíritu, puesto que ambos pertenecen a la unidad de la persona. Cfr. R. YEPES, *fundamento de antropología. Un ideal de la excelencia humana.* Pamplona 1996, p. 270.

[7] Cfr. A. SARMIENTO, *Persona, sexualidad humana y procreación,* en A. SARMIENTO (ed.), *Moral de la persona y renovación de la Teología Moral,* Pamplona 1998, p. 145.

[8] Cfr. A. SARMIENTO, *El Matrimonio Cristiano,* EUNSA 2012, p. 35.

A lo largo de la historia ha habido posiciones que no han entendido adecuadamente la unidad de la persona, explicándola en términos de causalidad instrumental: la persona sería el espíritu, el cuerpo el instrumento del que aquél se sirve para obrar. A la vez, ciertos teólogos del siglo XX han considerado las fuerzas procreadoras del individuo humano como si fueran algo extrínseco al hombre, algo concebido a su arbitrio, sobre lo que se puede actuar y disponer como sobre las obras infrahumanas de la creación exterior[9].

Augusto Sarmiento parte de la realidad de que el hombre se advierte a sí mismo como una realidad una y compleja. Aun cuando es consciente de la pluralidad y diversidad de operaciones, cada ser humano percibe que su "yo" es el mismo y único. Esa unidad y diversidad se explican, continúa, "porque, si bien el ser humano está compuesto de cuerpo y espíritu, entre uno y otro componente se da una unidad sustancial. El alma es la forma substancial del cuerpo. El alma racional da al cuerpo humano todo lo que el alma sensible da a los animales y algo más[10]. Por tanto, el cuerpo y el alma son dos co-principios del hombre, de la misma y única persona. El cuerpo, todo él, se encuentra atravesado por el espíritu; y éste, a su vez, penetrado por la corporalidad"[11].

Las verdades cristianas de la Creación, de la Encarnación y de la Redención expresan abiertamente el valor de la persona, del cuerpo humano. Cada persona, la totalidad unificada que es el hombre, ha sido querida por Dios su creador por sí misma; por eso, es absolutamente valiosa: es la única criatura en el mundo que posee esta dignidad. De ahí, que el fundamento último de la dignidad humana radique necesariamente en el hecho de que en el origen concreto de cada persona se encuentra, junto con la generación por parte de los padres, una acción creadora del alma individual por parte de Dios. Esa dignidad impide que la persona humana pueda ser tratada como un objeto[12].

De la afirmación de que el ser humano es *corpore et anima unus (Cfr. Gaudium et spes, n. 14)* se deriva que el cuerpo humano participa de la condición personal; a su vez, ésta es el criterio ético fundamental que regula todas las intervenciones técnicas sobre la corporalidad. El principio personalista afirma que la persona nunca puede ser tratada como un medio, sino que ha de ser valorada por sí misma, como un fin[13].

---

[9] Cfr. M. ZALBA, *La regulación de la natalidad,* Madrid 1968, p. 5.

[10] Cfr. SANTO TOMAS DE AQUINO, *S. Th., I, q. 76, a.2, ad 2.*

[11] Cfr. A. SARMIENTO, *Persona, sexualidad humana y procreación,* o.c., p. 145s. El cuerpo es parte integrante de la persona humana (corporeidad de la persona), sostiene Caffarra. Sólo hay un sujeto operante. El cuerpo no se puede separar de la persona; es la misma persona en su visibilidad; la persona se expresa mediante su cuerpo; el cuerpo es el lenguaje de la persona. Cfr. C. CAFFARRA, *Ética general de la sexualidad,* Barcelona 1995, p. 32.

[12] Cfr. A. SARMIENTO, *El don de la vida. Textos del Magisterio de la Iglesia sobre Bioética,* Madrid 2003, pp. 16-19.

[13] Cfr. C. CAFFARRA, *Persona, libertad humana y corporalidad, en* A. SARMIENTO *(ed.), Moral de la persona y renovación de la renovación de la Teología Moral,* Pamplona 1998, pp. 130-138.

a.2. *La sexualidad, "modalización" de la persona*

En continuidad con el Concilio Vaticano II y *Humanae vitae* el propósito de *Familiaris consortio* es profundizar en la verdad y significados últimos de la sexualidad; y eso se consigue si se admite a la vez la unidad substancial de la persona, y que la sexualidad es el modo de ser de la persona humana[14].

El cuerpo y el espíritu constituyen esa totalidad unificada corpóreo- espiritual que es la persona. Pero la persona humana es persona sexuada, es decir, existe necesariamente como hombre o como mujer; no existe otra posibilidad de ser persona; el cuerpo humano, y por tanto la persona, es necesariamente masculino o femenino, varón y mujer. De ahí, que la sexualidad no sea un simple atributo. Es, más bien, la modalidad substancial de la persona humana, que afecta al núcleo mismo de la persona en cuanto tal. "Decir que la sexualidad humana es modelización de la persona es afirmar que la sexualidad impregna la humanidad del hombre y de la mujer en su totalidad. La sexualidad, masculina o femenina, caracteriza y determina a todos y cada uno de los componentes de la unidad sustancial cuerpo-espíritu que llamamos hombre o mujer. Es la persona misma la que siente y se expresa a través de la sexualidad. Esta es la razón por la que la sexualidad humana se diferencia de los animales. La sexualidad humana a la vez que sensitiva es racional"[15].

b) ***La vocación de la persona humana al amor: los significados unitivo y procreador de la sexualidad***

La dimensión sexual del ser humano, la masculinidad y feminidad, es una dimensión constitutiva de la persona humana; afecta a los diversos estratos y dinamismos del ser humano, determinando la diferenciación existente entre el hombre y la mujer: la configuración cromosómica, la morfología anatómica y corporal, los rasgos psicológicos, afectivos, etc. Pero penetrar en la verdad de la sexualidad exige seguir preguntando por el sentido y significado de la diferenciación sexual. Es una cuestión decisiva en la determinación de la ética de la sexualidad[16].

La diferenciación sexual obedece al designio originario de Dios y está orientada a la relación interpersonal: de esta manera el hombre y la mujer son el uno para el otro (Cfr. *Génesis* 2,23). Precisamente ahí está la razón de que, si bien como persona son esencial y radicalmente iguales, son también, en su masculinidad y feminidad, radicalmente diferentes y por ello complementarias. Dado que la relación propia de la sexualidad va de

---

[14] Cfr. Exh. Apostólica *Familiaris consortio,* n. 11, que sigue en ese punto a GS n.14. a este propósito es constante en el Magisterio sobre todo de los últimos años, la afirmación de situar en el marco antropológico adecuado la consideración de los diversos problemas morales.

15 Cfr. A. SARMIENTO, *Persona, sexualidad humana y procreación*, o. c., p. 147.

16 Cfr. A. SARMIENTO, *El matrimonio cristiano*, EUNSA 2012, p. 42.

persona a persona, respetar la dimensión unitiva en el contexto de un amor verdadero es una exigencia de la verdad interior de la donación sexual. Pero, por eso mismo, lo es también e inseparablemente respetar la apertura a la fecundidad, a la vida.

No se puede olvidar que la entrega sexual es donación a la persona del sexo opuesto, no simplemente en cuanto persona, sino en cuanto sexualmente distinta y complementaria, en cuanto persona masculina y femenina. El objetivo de la donación de la sexualidad es la persona misma en su corporalidad sexuada; y como el cuerpo es el principio de la singularidad, esa donación ha de ser siempre personal y fecunda y, por eso, definitiva[17].

b.1. Amor y sexualidad: "Significado unitivo"

En el ámbito de una antropología unitaria, no resulta difícil percibir que la sexualidad está orientada a expresar y realizar la vocación del ser humano al amor. En la diferenciación sexual, la sexualidad está al servicio de la comunicación interpersonal; y, de esa manera, a la perfección propia y de los demás. Incluso desde la consideración de la biología es imposible reducir el lenguaje de la sexualidad al significado procreador. Desde aquí, en efecto, se descubre que la sexualidad humana a diferencia de la animal, ni es automática ni se despierta únicamente en los periodos de fecundidad. Bajo cualquiera de los aspectos que se contemple, el biológico, el psicológico, el social, la sexualidad tiene una dimensión relacional.

Como imagen de Dios el hombre ha sido creado para amar: la vocación del hombre es una vocación al amor[18]. La sexualidad está orientada a expresar y realizar esa vocación del ser humano al amor. "Creándola a su imagen, Dios inscribe en la humanidad del hombre y de la mujer la vocación y, consiguientemente, la capacidad y la responsabilidad del amor y de la comunión. El amor es, por tanto, la vocación fundamental e innata de todo ser humano" (*Familiaris Consortio*, n.11). En consecuencia, "el hombre es llamado al amor como espíritu encarnado, es decir, alma y cuerpo en la unidad de la persona"(Consejo Pontificio para la Familia, *Sexualidad humana: verdad y significado* (8. XII.1995), nn. 3; 10).

La sexualidad es una dimensión humana en virtud de la cual la persona es capaz de una donación interpersonal específica. De ahí, que la sexualidad no se reduzca al significado procreador, sino que tiene también un significado unitivo o relacional. "La

17 Cfr. J. M. PARDO, *Amor y fecundidad: ¿realidades en conflicto?*, EUNSA 2010, pp. 140 – 141.

18 La persona es el bien hacia el cual la única actitud digna y adecuada es el amor. Cfr. J. SMITH, *Humanae vitae. A generation later,* o.c., p. 239. *En* J.M. PARDO, *Amor y fecundidad: ¿realidades en conflicto?,* EUNSA 2010, p. 141.

sexualidad es el lenguaje de la persona para crear una comunión interpersonal en el don de sí, a la vez que pone las condiciones para cooperar con Dios en una nueva vida"[19].

En la diferenciación sexual, la sexualidad está al servicio de la comunicación interpersonal: la sexualidad tiene una dimensión relacional. Con palabras del Beato (San) Juan Pablo II se podría decir, que con la creación del ser humano en dualidad de sexos se señala el significado axiológico de la sexualidad: el hombre es para la mujer y ésta es para el hombre[20].

El amor es, por tanto, la vocación fundamental e innata de todo ser humano[21]. El hombre es llamado al amor como espíritu encarnado, es decir, en la unidad de la persona.

En el matrimonio cristiano, por la inserción del amor conyugal en el misterio de amor de Cristo por la Iglesia, esa significación, inscrita en la estructura misma de su amor como realidad humana, se transforma hasta el extremo de estar llamada desde su más profunda verdad a hacer visible el mismo misterio de amor de Cristo. Se ha instaurado entre los esposos una comunión y participación en el misterio de amor de Cristo por la Iglesia que hace que sean *signos*, están llamados a serlo, porque lo realizan (Cfr. *Gaudium et Spes*, n.48). Su inserción en el amor de Cristo por la Iglesia a través de su "unidad de dos", en cuanto sexualmente distintos y complementarios, hace que la donación y entrega conyugal estén orientadas a *significar* también la alianza de amor entre Cristo y la Iglesia.

b.2. Sexualidad y procreación: "Significado procreador"

Expresar el amor es un fin intrínseco a la sexualidad. Y por eso mismo está orientada también e inseparablemente a la fecundidad. Porque el amor es fecundo por su propia naturaleza.

La sexualidad no sólo está orientada a la comunión interpersonal, sino que también está orientada a la procreación, a la apertura a la vida. Todo el proceso gonádico, hormonal, anatómico y psicológico en sus diferentes etapas y reacciones está programado para que esta finalidad pueda alcanzarse, y en sus mismas estructuras biológicas aparece escrito con evidencia ese mensaje.

A nivel ontológico, la orientación a la fecundidad, inmanente a la sexualidad como dimensión constitutiva del ser humano, es humana y de la persona; es una propiedad esencial de toda la persona corpóreo – espiritual y, por tanto, sexuada[22]. La Sagrada Escritura enseña abiertamente también que este es uno de los significados de la diferenciación sexual. Así se desprende, por citar sólo un texto, de los relatos de la

---

[19] C. CAFFARRA, *Ética general de la sexualidad,* o.c., p. 63.

[20] Cfr. JUAN PABLO II, Alocución *Seguendo la narrazione,* en la Audiencia General, 14- XI- 1979, en A. SARMIENTO- J. ESCRIVÁ, *Enchiridion Familiae,* o.c., pp. 2441-2449.

[21] Exh. Apost. *Familiaris Consortio,* n. 11.

[22] Cfr. J.M. PARDO, *Amor y fecundidad: ¿realidades en conflicto?,* EUNSA 2010, p. 142.

creación: "... creó Dios al hombre a su imagen: a imagen de Dios lo creó; macho y hembra los creó. Y los bendijo Dios y les dijo: "sed fecundos y multiplicaos..." (Génesis 1,26-28). La bendición de la fecundidad corresponde a la unión del hombre y la mujer que "serán una sola carne", a la que conduce la mutua complementariedad. La apertura a la fecundidad es uno de los elementos que "revelan" la verdad de la imagen de Dios en el ser humano. Esa imagen se expresa a través de la comunión interpersonal, y ésta, entre el hombre y la mujer, se realiza fundamentalmente a través de la "unidad en la carne"[23].

Sobre la base de la Sagrada Escritura, la Tradición de la Iglesia ha considerado siempre la actividad sexual como una participación o, mejor, como cooperación con el amor creador de Dios. Y reviste una mayor dignidad si, además, se considera que es el camino para cooperar con Dios en la generación de los hijos de Dios. Supone, por parte de Dios, la confianza de hacer al hombre partícipe y responsable en la obra de la creación y la salvación.

En conclusión, en la sexualidad humana, y en el acto conyugal, los significados unitivo y procreador están unidos inseparablemente por designio de Dios. Uno y otro se reclaman e implican mutuamente, hasta el punto que, si cualquiera de ellos falta, ni el ejercicio de la sexualidad es humana ni la unión sexual es verdaderamente conyugal. En el fondo, porque en la verdad de su dimensión ontológica constituyen una unidad. *Humanae vitae* habla de la "inseparable conexión que Dios ha querido, y que el hombre no puede romper por propia iniciativa, entre los dos significados del acto conyugal: el significado unitivo y el significado procreador".

c) ***Integración de la sexualidad en la persona humana***

La unidad sustancial de la persona humana es el horizonte en el que se debe realizar la integridad de la sexualidad. Es la condición para poder vivir humanamente la sexualidad; el criterio integrador de los diversos dinamismos de la sexualidad.

La persona responde a su vocación cuando vive su existencia de acuerdo con su condición humana y racional, como ser creado a imagen y semejanza de Dios (Cfr. GS, nn.12-32). Según la Revelación enseña es cierto que no se agota ahí, en esa referencia, la entera vocación del hombre: el plan de Dios sobre él se eleva hasta el extremo de destinarle a participar de la condición de hijo en el Hijo (Cfr. Col 1,5;2.11; Rm 8,29). Por eso sólo lleva a cabo la plenitud de su vocación si vive como hijo de Dios, como hijo en el Hijo (Cfr. Gs, n. 22).

Porque no se puede querer racionalmente lo que no se conoce, ni se puede decidir sobre algo si no se es libre para hacerlo. Y, por otro lado, es toda la persona en todos sus dinamismos y dimensiones la que está comprometida en la integración de la sexualidad.

[23] Cfr. A. SARMIENTO, *El matrimonio cristiano,* EUNSA 2012, p. 46.

c.1. Conocimiento de la verdad y del bien de la sexualidad

La persona no ejerce su libertad al margen de la naturaleza; el hombre es libre no a pesar de sus inclinaciones naturales, sino a causa de ellas. Esta es la razón por la que el bien y la verdad de la sexualidad se conocen en las inclinaciones inmanentes a la sexualidad misma. Esas inclinaciones, aun sin constituir las normas de moralidad sexual, son el camino que permite conocer la verdad y el bien de la sexualidad, que han de observarse para que la actividad sexual sea recta.

Para conocer la verdad y el bien de la sexualidad además de la ley natural Dios ofrece al hombre la ayuda de la Revelación, que le indica con claridad meridiana qué acciones o elecciones son justas y cuáles injustas.

Pero la ley divina natural y positiva no son suficientes para orientar el ejercicio de la sexualidad. Es necesaria también la ley humana. En efecto, el ejercicio de la sexualidad tiene una notable relevancia social, no es un hecho meramente privado; de ahí que entre en la competencia de la autoridad humana legítima ordenar el ejercicio de la sexualidad para que concurra al bien común. Por tanto, la ley humana debe regular los comportamientos que son absolutamente necesarios para el bien común y castigar los comportamientos contrarios[24].

c.2. El papel de la castidad en la integración de la sexualidad

El segundo paso de la integración de la sexualidad en el bien de la persona es el dominio o señorío racional sobre la propia sexualidad.

Una vez expuesto el conocimiento de la verdad y del bien de la sexualidad por parte de la persona, pasamos al análisis del dominio necesario para dirigir esa verdad y bien de las diversos dinamismos de la sexualidad.

La virtud de la castidad tiene un cometido concreto: orientar la sexualidad hacia su propio bien, integrándola (éticamente) en el bien de la persona: impregnar de racionalidad el ejercicio de la sexualidad[25].

La integración de la facultad sexual en la voluntad, y, por consiguiente, en la persona, corresponde a la virtud moral de la castidad[26]. La esencia de esta virtud consiste en aceptar y respetar el valor de la persona, y en realizar a su nivel cualquier tipo de

---

[24] Cfr. J.M. PARDO, *Amor y fecundidad: ¿realidades en conflicto?,* EUNSA 2010, p. 144.

[25] A.SARMIENTO, *Persona, sexualidad humana y procreación,* o.c., p. 161.

[26] Cfr. C. CAFFARRA, *Ética general de la sexualidad*, o.c., pp.68-73; A. SARMIENTO, *El secreto del amor en el matrimonio*, Madrid 2003, capítulo III.

reacción ante los valores del cuerpo y del sexo: introduce los valores del cuerpo y del sexo en el valor objetivo de la persona[27].

"La castidad, la de cada uno en su estado: soltero, casado, viudo, sacerdote, es una triunfante afirmación del amor"[28].

"La castidad, no simple continencia, sino afirmación decidida de una voluntad enamorada, es una virtud que mantiene la juventud del amor en cualquier estado de la vida. Existe una castidad de los que se sienten que se despierta en ellos el desarrollo de la pubertad, una castidad de los que se preparan para casarse, una castidad de los que Dios llama al celibato, una castidad de los que Dios llama al matrimonio"[29].

Como virtud propia de los casados, la castidad conyugal está indisociablemente unida al amor conyugal. Integra la sexualidad de manera que puedan donarse el uno al otro sin rupturas ni doblez. Está exigida por el respeto y estima mutuos que, como personas, se deben ya los esposos; además de que así lo reclaman también los otros bienes del matrimonio. Es una virtud que está orientada al amor, la donación y la vida[30].

[27] Cfr. A.SARMIENTO, *El secreto del amor en el matrimonio*, o.c., capítulo IV. En el caso de los casados, la virtud de la castidad integra la sexualidad de tal manera que puedan donarse el uno al otro sin rupturas ni doblez; la castidad salvaguarda la naturaleza del amor conyugal.

[28] J. ESCRIVÁ DE BALAGUER, *Surco*, Madrid 1986, n. 831.

[29] J.ESCRIVÁ DE BALAGUER, *Es Cristo que pasa,* Madrid 1985, n. 25.

[30] Cfr. A. SARMIENTO, *El matrimonio cristiano,* EUNSA 2012, p. 53.

CAPÍTULO II

LA INSTITUCIÓN MATRIMONIAL AL SERVICIO DE LA PERSONA

La cultura del siglo XX sobre el matrimonio y la familia ha sido desconcertante. El siglo se inició con los círculos intelectuales más progresistas pronosticando la muerte de la institución matrimonial. El mismo siglo se ha despedido con aquellos pronósticos incumplidos y archivados. En lo que tuvieron de prejuicio ideológico aquellos vaticinios perdieron seguridad, más que por el derrumbamiento de las grandes ideologías revolucionarias como cierto conservadurismo ha sostenido con simpleza de argumentos, por la obstinación de los hechos. Para el siglo XX, el sexo es sólo cultura, y la "naturalidad" del matrimonio un sofisma ideológico. Ese siglo se nos fue pensando que solo los bloques, las ballenas y los ecosistemas son naturales. Muchos en el actual siglo XXI siguen pensando los mismos tópicos.

La cultura del siglo XXI ha sido protagonizada por los medios de comunicación masivos. En cierto sentido, podríamos decir que el matrimonio deja de aceptarse como aquel estado de vida para la procreación que al hombre y la mujer impone la misma naturaleza humana, en la misma medida que crece el convencimiento de que tal estado de vida es un mero producto histórico, del modelo social y económico. Quizás, la naturaleza humana nos pide hoy otro código con mejores significados[31].

1. LA INSTITUCION MATRIMONIAL AL SERVICIO DE LA PERSONA HUMANA

Los elementos institucionales son, en el matrimonio, una exigencia ético-antropológica del recto ejercicio de la sexualidad. Junto a otros motivos están exigidos también por la norma fundamental personalista, según la cual la persona ha de ser valorada siempre como un fin, nunca como un medio.

1.1. *Institución matrimonial y el ejercicio de la sexualidad*

Con el término "institución matrimonial" se quiere designar el conjunto de elementos permanentes que, por designio divino, determinan el originarse y posterior desarrollo de esa forma de relación entre el hombre y la mujer que denominamos matrimonio. A la vez, es necesario añadir, el matrimonio se basa en las estructuras dadas

[31] P.J. VILADRICH, *La institución del matrimonio: los tres poderes,* RIALP 2015, pp. 41- 48.

y permanentes de la humanidad del hombre y de la mujer, que trasciende la voluntad de los individuos y las configuraciones culturales[32].

La Revelación se refiere al matrimonio como una estructura estable y permanente, querida por Dios en "los orígenes", para ser cauce de esa unión entre el hombre y la mujer a la que está ordenada la diferenciación sexual en que fueron creados. Dios mismo, autor del matrimonio, proclama constantemente la Tradición y el Magisterio de la Iglesia, ha configurado esa unión con unas "leyes" que el hombre no puede alterar.

Aunque con variedad de formas, la conciencia humana y el testimonio de los pueblos es constante en afirmar que en el originarse y existir de la sociedad conyugal están implicados unos bienes que por su misma naturaleza reclaman la presencia de la institución (Cfr. CEE, *La verdad del amor humano*, nn.82-86). Los que se casan y también la misma sociedad se encuentran sometidos a un "derecho divino natural", que, con anterioridad a cualquier norma o formalidad establecida por la sociedad, decide sobre la unión del hombre y la mujer con una fuerza y autoridad permanentes. Los "elementos éticos y jurídicos" que son necesarios, dado el carácter social del matrimonio y la "libertad" de los contrayentes que también es necesaria, ya que el matrimonio es una forma de relación interpersonal, han de inscribirse en el proyecto originario de Dios sobre el matrimonio; y, en consecuencia, ser respetuosos siempre con ese plan divino.

Como expresión del *Magisterio de la Iglesia*, el Concilio Vaticano II señala a este propósito que "este vínculo sagrado, en atención tanto al bien de los esposos, de la prole y de la sociedad, no depende de la decisión humana" (GS, n.48). Por encima de la decisión hay una institución "exigida", entre otros motivos, por la norma fundamental personalista según la cual la persona jamás puede ser tratada como medio.

Una primera conclusión es que los elementos institucionales son una exigencia ético-antropológica del recto ejercicio de la sexualidad. En concreto, así lo exige el bien de los esposos, el bien de los hijos y el bien de la sociedad. Analicemos cada uno.

- *El bien de los esposos.* La sexualidad es una dimensión de la persona; por tanto, la sexualidad participa de la dignidad y valor personal, que, como tal, exige ser respetada por sí misma. "Por eso, dado que en el matrimonio los que se casan toman decisiones que afectan a la sexualidad, se entregan y reciben en cuanto sexualmente diferentes y complementarios, aparece clara la necesidad de que esas decisiones se tomen dentro de un marco ético y jurídico que proteja la condición personal de su sexualidad"[33].
- *El bien de los hijos.* Dado que una de las finalidades inmanentes de la sexualidad es la orientación a la fecundidad, el ejercicio de la sexualidad en

---

[32] Cfr. A.SARMIENTO, *El Matrimonio cristiano,* o.c., p. 55s.
[33] A. SARMIENTO, *El Matrimonio cristiano,* o.c., p. 57.

el matrimonio ha de ser vivido de acuerdo con unas normas éticas y jurídicas, esa es la institución, que permitan acoger y afirmar, como personas, a los hijos.

- *El bien de la sociedad.* Cuando dos personas contraen matrimonio su decisión compromete e influye no sólo a ellos y a sus hijos, sino también a la sociedad. Por eso, es exigencia que esa decisión se establezca en el ámbito externo y publico, que haga justo y asegure la verdad del compromiso que se toma.

Otra consideración que resulta es la relación entre el ejercicio de la sexualidad y el sacramento del matrimonio. El hombre ha sido creado para ser conforme a Cristo. Y Cristo se ha dado a sí totalmente a la Iglesia. De ahí, que en la esencia del acto conyugal, que hace del hombre y la mujer una sola carne, esté presente el misterio mismo de la salvación revelado, realizado en la cruz. Lo que es necesario es que el hombre y la mujer se inserten en ese misterio. Solamente en la participación del hombre y de la mujer en el misterio esponsal de Cristo y la Iglesia, su sexualidad realiza su verdad y finalidad intrínsecas y originarias[34]. El hombre y la mujer como imagen de Dios son planificados por Dios para encarnar y manifestar en sus propias personas y en sus acciones aquel Amor de quien toman su origen[35].

1.2. *El matrimonio: ámbito de respuesta al designio divino*

Acaba de verse cómo, en el matrimonio, la institución está ordenada "por sabia disposición del Creador" (*Humanae vitae*, n. 8) al bien personal de los esposos y de la misma humanidad. Su fin, al igual que el de todas las cosas creadas, es, en última instancia, la gloria de Dios y nuestra felicidad (Decreto *Ad gentes*, n. 2). Lo que ahora se considera es el modo en que la institución matrimonial sirve a esa finalidad y, en consecuencia, al perfeccionamiento y realización personal de los esposos.

El Concilio Vaticano II ofrece una definición de matrimonio como la intima comunidad conyugal de vida y amor establecida sobre la alianza de los cónyuges, es decir, sobre su consentimiento personal e irrevocable[36]. El matrimonio es, por tanto, por su propia naturaleza, la institución para realizar la vocación de la persona humana al amor[37].

De la institución matrimonial como forma establecida por Dios para llevar a cabo su designio de amor en y para la humanidad, la encíclica *Humanae vitae* en el n. 8 señala

[34] Cfr. C. CAFFARRA, *Ética general de la sexualidad,* o.c., pp. 106-109.

[35] Cfr. J.T.O CONNOR, *The plan of Goods for Marriage and the Family,* o.c., p. 30 en J.M. PARDO, *Amor y fecundidad: ¿realidades en conflicto?,* EUNSA 2010, pp. 149-150.

[36] Cfr. C. VATICANO II. CONSTITUCIÓN *Gaudium es spes,* n. 48.

[37] No hay que olvidar que junto con la virginidad – celibato son los "dos modos específicos de realizar integralmente la vocación de la persona humana al amor". JUAN PABLO II, Exh. Apost. *Familiaris consortio,* n. 11.

como componentes esenciales estrechamente vinculados dentro de la unidad del mismo designio sobre el matrimonio: la reciproca donación personal, la comunión interpersonal; el mutuo perfeccionamiento; y la colaboración con Dios en la procreación y educación de nuevas vidas. En estrecha relación y consonancia con el Concilio Vaticano II (Cfr. *Gaudium et spes,* n. 48), Pablo VI pone de relieve cómo la comunión interpersonal, que es la finalidad inmediata de la institución, es a la vez e inseparablemente perfeccionamiento de los esposos como personas y como cooperadores de Dios en la transmisión y educación de la vida humana.

Por la alianza conyugal se establece entre el hombre y la mujer una unión o comunidad conyugal por la que ya no son dos, sino una sola carne (Cfr. Gn 2, 24; Mt 19,6). A partir de entonces el hombre y la mujer, permaneciendo cada uno de ellos como personas singulares y completas, son una unidad en lo conyugal, en cuanto personas sexualmente distintas y complementarias. Como esposo, el varón pasa a pertenecer a la mujer; y viceversa, como esposa, la mujer al marido. "No dispone la mujer de su cuerpo sino el marido. Igualmente, el marido no dispone de su cuerpo sino la mujer" (1 Co 7, 4). "Son una comunidad, unidad en lo social y son el uno del otro coposesores en justicia, en la unidad de lo conyugal"[38].

La unidad de dos o comunidad conyugal que se origina no es un vínculo visible, sino moral, social y jurídico; pero es de tal riqueza y densidad que requiere, por parte de los contrayentes, la voluntad de compartir todo su proyecto de vida, lo que tienen y lo que son[39]. El único lugar que hace posible la donación sexual total es el matrimonio, es decir, el pacto de amor conyugal o elección consciente y libre con la que el hombre y la mujer aceptan la comunidad íntima de vida y amor, querida por Dios mismo, que sólo bajo esta luz manifiesta su verdadero significado.

2. AMOR CONYUGAL Y PROCREACIÓN: ABIERTO A LA VIDA

"El matrimonio y el amor conyugal están ordenados por su propia naturaleza a la procreación y educación de los hijos. Desde luego, los hijos son don excelentísimo del matrimonio y contribuyen grandemente al bien de los mismos padres. El mismo Dios, que dijo: *No es bueno que el hombre esté solo* (Gen 2,18), y el que los creó *desde le principio los hizo varón y hembra* (Mt 19,4), queriendo comunicarle una participación especial en su propia obra creadora, bendijo al varón y a la mujer diciendo: *Creced y multiplicaos* (Gen 1,28). De ahí que el cultivo verdadero del amor y todo el sistema de vida familiar que de él procede, sin dejar posponer los otros fines del matrimonio, tiende a que los esposos estén dispuestos con fortaleza de ánimo a cooperar con el amor del Creador y Salvador, que por

---

[38] J.P. VILADRICH, *Agonía del matrimonio legal,* Pamplona 1997, p. 157, en J.M. PARDO, *Amor y fecundidad: ¿realidades en conflicto?,* EUNSA 2010, p. 150.

[39] Cfr. JUAN PABLO II, Exh. Apost. *Familiaris consortio,* n. 19.

medio de ellos aumenta y enriquece su propia familia" (Cfr. CONC. VAT. II, Const. *Gaudium et spes*, n. 50).

Decir que el matrimonio tiene como finalidad la procreación es afirmar que, por su propia naturaleza, está ordenado a la transmisión de la vida. Así ha sido instituido por Dios desde "los orígenes", y así es como ha sido comprendido por la tradición y la doctrina de la Iglesia, a partir de la Revelación y la consideración de la sexualidad.

El matrimonio, ciertamente, está estructurado en torno a una doble finalidad: el bien de los esposos, en torno a la dignidad de los esposos en cuanto personas que forman la comunidad conyugal; y la apertura a la fecundidad, en torno a la existencia como valor básico de la persona.

2.1. *Relación recíproca de los valores del matrimonio: "dimensión de la finalidad inscrita en el matrimonio"*

La Revelación y la Tradición de la Iglesia son constantes en afirmar que el matrimonio está ordenado, por su propia naturaleza, al bien de los esposos y a la transmisión y educación de la vida.

El Concilio Vaticano II no afronta la cuestión de los fines del matrimonio ni alude a su jerarquización, mas bien habla indistintamente de bienes y fines (Cfr. *Gaudium et spes,* nn. 48 y 51). Pero señala repetidamente que el matrimonio y el amor conyugal están ordenados por su propia naturaleza a la procreación (Cfr. *Gaudium et spes,* n. 50). Esta afirmación surgida del Concilio la recuerda la Congregación para la Doctrina de Fe[40] , y es la enseñanza constante del magisterio de Juan Pablo II, de Benedicto XVI, de Francisco y del Catecismo de la Iglesia Católica (nn. 2333, 2363 y 2366).

Sostiene Majdanski, que por su misma naturaleza el amor conyugal está abierto a la fecundidad y destinado a prolongarse en nuevas vidas. En consecuencia, amor conyugal y paternidad son dimensiones inseparables de la vocación matrimonial. Sólo cuando se da esta apertura se puede hablar de amor autentico y de perfeccionamiento personal de los esposos[41].

El Concilio Vaticano II, principalmente en la Constitución Pastoral *Gaudium et spes,* afirma García de Haro, subrayó que no hay dos finalidades que puedan entrar en conflicto

---

[40] Cfr. CONGRACIÓN PARA LA DOCTRINA DE LA FE, *Carta de la Santa sede. Congregación para la Doctrina de la Fe a Mons. J,R. Quinn (presidente de la Conferencia Episcopal Norteamericana), en* "Documentos palabra" 404 (1979) 456s.

[41] Cfr. K. MAJDANSKI, *Communaute de vie et dàmour. Esquisse de Théologie du Marriaga et de la famille,* Paris 1980, pp. 105-124, en J.M. PARDO, *Amor y fecundidad: ¿realidades en conflicto?,* EUNSA 2010, pp. 152 – 153.

entre sí, sino mas bien una relación entre amor conyugal y procreación parecida a la relación que Santo Tomás establece entre "forma" y "fin"[42].

2.2. *El lugar del amor en el "bien de los esposos" como fin del matrimonio*

El bien de los esposos como fin del matrimonio no se identifica con el amor conyugal ni con la ayuda mutua. Son, sin embargo, dimensiones de una misma realidad, tan estrechamente vinculadas que se implican mutuamente. El amor conyugal es expresión y, a la vez, lleva a la ayuda mutua. Uno y otra sirven para realizar en bien de los esposos[43].

El amor conyugal debe ser el principio y la fuerza de la comunión conyugal[44].

a) Naturaleza del amor conyugal

a.1. Imagen del amor intratrinitario

En el matrimonio se instaura una relación que sólo es expresión de la verdad si reúne unas características determinadas. Cuando el hombre y la mujer se unen entre sí tan estrechamente que vienen a ser "una sola carne", están poniendo en acto la capacidad de vivir en la verdad y en el amor; capacidad en la que radica su identidad más íntima y que está en la base del matrimonio (*Gaudium et spes,* n. 58).

De ese párrafo no se deduce que el amor conyugal sea imagen del amor divino.

a.2. Consideración antropológica del amor matrimonial

El amor matrimonial, que participa de los elementos que surgen de un análisis metafísico y psicológico del amor, atracción, amor de concupiscencia, benevolencia, reciprocidad, consiste en el don de la persona. Su esencia es el don reciproco de sí mismo, de su propio "yo". Desde el punto de vista personal, se trata de un don de sí hecho a otra persona; desde el punto de vista interpersonal, es un don reciproco. La esencia del amor conyugal es darse a la otra persona como don. El amor conyugal no consiste en entregar "algo" que pertenece a la persona, sino en entregar la persona misma. Y darse significa recibir al otro como don; en esto consiste la esencia de la reciprocidad en el amor conyugal.

---

[42] Cfr. R. GARCÍA DE HARO, *Il matrimonio e la famiglia nei documenti del magistero*, Roma 1983, p.41 en J.M. PARDO, *Amor y fecundidad: ¿realidades en conflicto?,* EUNSA 2010, p. 153.

[43] Cfr. A. SARMIENTO, *Matrimonio cristiano,* o.c., p. 378. En J.M. PARDO, *Amor y fecundidad: ¿realidades en conflicto?,* EUNSA 2010, p. 154.

[44] Cfr. JUAN PABLO II, Exh. Apost. *Familiaris consortio,* n. 18.

b) Características esenciales del amor propio del matrimonio

Los elementos arriba descritos fundamentan antropológicamente las características del amor conyugal, que, según señalan el Concilio Vaticano II y la encíclica *Humanae vitae,* son cuatro: ser plenamente humano, total, fiel y exclusivo, y fecundo[45].

b.1. Amor plenamente humano

Para que la relación entre el hombre y la mujer sea conyugal, primero ha de ser expresión de amor. Y este amor es plenamente humano, pues, como se ha expresado arriba, todo lo que forma parte del ser humano, actualizado por un mismo acto de ser, obtiene con pleno derecho ese calificativo, y ha de servir de "materia" y parte integrante del amor conyugal.

El amor es pleno y genuinamente humano, conyugal, si corresponde a la estructura de lo que es la persona, unidad sustancial de cuerpo y espíritu. Es el amor de una persona que se pone en comunión con otra en todo su ser[46].

El amor radica ante todo en la voluntad. El amor es algo propio y exclusivo de la persona: sólo la persona puede amar y sólo son actos de amor los que la persona realiza con la intervención de su inteligencia y voluntad, ya que sólo de esa manera puede conocer y reconocer los valores inherentes a la condición personal. Precisamente ésta es la razón de que el acto de amor sea una elección.

b.2. Amor total

De toda la persona a toda la persona, y además de una manera definitiva. Abarca la persona de los esposos, es decir, comprende y se basa en la diferenciación y complementariedad sexual, en todos sus niveles: sentimientos y voluntad, cuerpo y espíritu.

Esta característica implica que se entrega toda la persona. El amor es conyugal si parte del ser humano considerado en su totalidad; es un amor pleno y oblativo, de totalidad, sin admitir reservar[47].

b.3. Amor fiel y exclusivo

Si el amor conyugal es total y definitivo, porque va de persona a persona abarcando el bien de ésta en su totalidad, ha de tener también como característica necesaria la fidelidad. "El amor conyugal es total en la exclusividad y exclusivo en la totalidad"[48].

---

[45] Cfr. CONCILIO VATICANO II, *Gaudium et spes,* n. 49; PABLO VI, Encíclica *Humanae vitae,* n. 8.

[46] Cfr. D. VON HILDEBRAND, *La esencia del amor,* Pamplona 198, pp. 20s.

[47] Es necesario matizar que no se dice "absoluto", pues también en los cónyuges hay zonas de la personalidad inalienables e incomunicables, pero no por cálculos egoístas. Cfr. L. CICCONE, *Humanae vitae. Analisi e commento,* c.o., p. 70s.

b.4. Amor fecundo

El amor conyugal, por su naturaleza, está orientado a prolongarse en nuevas vidas; no se agota en los esposos.

Si el amor conyugal es dádiva total, entrega de la persona toda, debe incluir necesariamente la fecundidad. No hay autenticidad en el amor conyugal cuando no están comprometidos, a la vez y del todo, la humanidad del hombre y de la mujer en la totalidad de su ser espíritu encarnado. Por eso, "como la sexualidad no es algo meramente biológico si no que afecta al núcleo íntimo de la persona en cuanto tal" (Exhor. Apost. *Familiaris consortio,* n. 11), y como, por otro lado, la orientación a la procreación es una dimensión inmanente a la estructura de la sexualidad, la conclusión es que la apertura a la fecundidad es criterio de la autenticidad del amor matrimonial.

El amor para que sea realmente conyugal debe ser: plenamente humano, es decir, de los sentidos y del espíritu al mismo tiempo; total, sin reserva de cálculo egoísta, que enriquezca a los esposos con el don de sí mismo, y donde la fertilidad forma parte de ese don. A la vez, este amor ha de ser fecundo, es decir, que el amor conyugal no se agota en la comunión de los esposos, sino que está destinado a continuar, a crear nuevas vidas.

2.3. *La ordenación del matrimonio a la trasmisión de la vida*

Que el amor conyugal sea el elemento más decisivo de la institución marital (Cfr. *Gaudium et spes,* n. 49) no se opone, como veremos inmediatamente, a que el valor primero y singularísimo del matrimonio, como marco para el ejercicio de la sexualidad, requiere en que por su intrínseca constitución esté ordenado a dar origen a la persona humana.

Para fundamentar la ordenación del matrimonio a la fecundidad, los argumentos empleados surgen a partir de la Revelación y desde la naturaleza de la sexualidad y el amor conyugal.

A. Datos de la Revelación

La Sagrada Escritura expone claramente que la procreación es una finalidad intrínseca a la unión matrimonial. El "*creced y multiplicaros*" (Gen 1,28) expresa desde los orígenes la finalidad de la institución marital a la procreación. Esta bendición divina se continúa en tiempos de Noé: "*Sed fecundos y multiplicaros*" (Gen 9, 1-7). Además, en todo el Antiguo Testamento se insiste, desde diversos ángulos, sobre esta bendición de Dios (Cfr. Gen 15,5; Ex 23,26; 1S 1,5-8).

---

[48] Cfr. A. SARMIENTO, *El Matrimonio cristiano, o.c.,* p. 64s.

La enseñanza de los Santos Padres es constante en reafirmar que el matrimonio ha sido instituido por Dios para la procreación. San Agustín, en su desarrollo doctrinal sobre el matrimonio, presenta tres bienes: la fidelidad, la prole y el sacramento. Por su parte, San Tomás de Aquino sintetiza los fines del matrimonio en torno a la función procreadora[49].

El Magisterio de la Iglesia, por su parte, ha proclamado siempre la ordenación del matrimonio a la fecundidad. El Concilio Vaticano II lo ha vuelto a recordar, al declarar que el matrimonio está ordenado por su propia naturaleza a la transmisión de la vida (Cfr. *Gaudium et spes,* n. 50).

B. Naturaleza de la sexualidad y el amor conyugal

La procreación es la finalidad hacia la que por su intrínseco dinamismo se orienta el matrimonio, porque la procreación es una exigencia de la naturaleza de la sexualidad humana, es decir, es una dimensión inmanente a la sexualidad. En efecto, si existe el amor entre el hombre y la mujer es porque existe la diferencia sexual. Y tal diferencia existe por la necesidad del recambio generacional. Por eso, el amor conyugal está ordenado hacia esa finalidad; la verdad interior del amor conyugal está condicionada necesariamente por la apertura a la fecundidad.

2.4. *El matrimonio, comunidad de vida y amor*

La institución del matrimonio sirve al bien y realización personal de los esposos en la medida que es cauce de la donación mutua y sincera de sí mismos. Cuando su recíproca relación es expresión de esa forma peculiar de amor que se acaba de describir como conyugalidad.

La naturaleza institucional del matrimonio contiene tres grandes y diferentes significados naturales. Cada uno de ellos se corresponde con un peculiar poder capaz de instituir. Pues bien, el matrimonio es el resultado de la acción formalizadora de tres poderes. Por esta triple acción de tres poderes diferentes requiere una inseparable conjunción armónica entre dichos poderes institucionales.

Esta armonía, a lo largo de la historia del matrimonio, ha sufrido desnaturalizaciones y desequilibrios a favor de uno de esos tres poderes, que son:

---

[49] Una clara y extensa exposición sobre la sexualidad y su dimensión procreadora en la Tradición, puede encontrarse en: R. LAWER-J.M. BOYLE-W.E. MAY, *Ética sexual. Gozo y empuje del amor humano,* Pamplona 1992, pp. 51-96. En J.M. PARDO, *Amor y fecundidad: ¿realidades en conflicto?,* EUNSA 2010, p. 1165.

- El pacto de la alianza conyugal, que se le denomina consentimiento matrimonial.
- La conyugalidad como natural potencia de unión de la dualidad sexual humana.
- El sistema legal y el derecho matrimonial.

Podemos decir que el matrimonio es institución porque intervienen en la formalización espiritual de la sexualidad y la génesis de la vida humana estas tres potestades con propia soberanía: la naturaleza de la sexualidad humana, la voluntad de los esposos, la sociedad organizada por el Derecho[50].

El amor lleva al hombre y a la mujer a unirse en el matrimonio. El amor es también la manera adecuada de relacionarse entre sí acorde con su condición personal, una vez casados. El matrimonio es la institución del amor conyugal. No puede realizarse existencialmente sin amor. Pero el amor conyugal no es el matrimonio. Si se dice que el amor conyugal pertenece a la esencia del matrimonio debe entenderse no en sí mismo, sino como su principio[51], como una exigencia y un deber.

*a) **Alianza y comunidad conyugal***

A lo largo de los siglos han sido varios los términos empleados para designar el matrimonio en una y otra acepción, dependiendo siempre del ámbito de consideración. La terminología comúnmente empleada ha sido la de "vinculo conyugal", "matrimonio *in facto esse*".

El Concilio Vaticano II y el Magisterio, sin renegar de esa terminología que también usan, prefieren, sin embargo, recurrir a la de "alianza" o "pacto" para designar el matrimonio en el primer sentido, y a la de "comunidad conyugal" cuando se refiere al matrimonio en la segunda acepción. Es un vocabulario que tiene una mayor resonancia bíblica y patrística: de alguna manera advierte que el matrimonio se halla más allá de la esfera contractual, aun cuando la presupone.

Por la alianza conyugal se establece entre el hombre y la mujer una unión o comunidad conyugal por la que ya "no son dos sino una sola carne" (Mt 19,6; Gn 2,24). A partir de entonces el hombre y la mujer, permaneciendo cada uno de ellos como personas singulares y completas, son "una unidad" en lo conyugal, en cuanto personas sexualmente distintas y complementarias. Como esposo, el varón pasa a "pertenecer" a la mujer y, viceversa, como esposa, la mujer al marido. "No dispone la mujer de su cuerpo sino el marido. Igualmente, el marido no dispone de su cuerpo sino la mujer" (1co 7,4). "Son una

[50] Cfr. P.J. VILADRICH, *La institución del matrimonio: los tres poderes,* Rialp 2005, pp. 66-72.

[51] Cfr. R. GARCIA DE ARO, *El matrimonio, comunidad de amor al servicio de la vida,* "Div" 26 (1982), 348. En A. SARMIENTO, *Matrimonio cristiano,* EUNSA Pamplona 2012, p. 67.

comunidad, unidad en lo social y son el uno del otro coposesores en justicia en la unidad de lo conyugal"[52].

La unidad de dos o comunidad conyugal que se origina no es un vinculo visible sino moral, social y jurídico; pero es de tal riqueza y densidad que requiere, por parte de los contrayentes, "la voluntad de compartir todo su proyecto de vida, lo que tienen y lo que son" (*Familiaris consortio,* n. 19). La unidad de dos hace referencia a la totalidad de la feminidad y masculinidad en los diversos niveles de su reciproca complementariedad: el cuerpo, el carácter, el corazón, la inteligencia, la voluntad y el alma (*Familiaris consortio,* n. 19).

b) ***Comunidad de vida y amor***

Si el matrimonio es una "unidad de dos" en lo conyugal, debe configurarse existencialmente como comunidad de vida y amor. Es una exigencia que "brota de su mismo ser y representa su desarrollo dinámico y existencial"[53]. El amor debe ser el principio y la fuerza de la comunidad y comunión conyugal. Porque se han unido conyugalmente han instaurado una comunidad que debe ser de vida y amor. Con la expresión comunidad de vida y amor se significa el deber ser del matrimonio. La comunidad entre los esposos surgida de la alianza matrimonial abre a los esposos a una perenne comunión de amor y de vida (Cfr. Carta Apostólica *Gratissimam sane,* n. 7), que ha de traducirse en una forma de relación según la cual cada uno debe ser valorado por sí mismo, de acuerdo con la totalidad de su bien y vocación integral. Por eso el matrimonio debe ser también una comunidad de vida: es decir, ha de dar lugar a un modo de existir en el que los esposos compartan en cuanto esposos todo lo que son y pueden llegar a ser; y debe ser el espacio adecuado para la transmisión de la vida humana, ya que, por una parte, la dimensión procreadora es inmanente a la relación hombre- mujer a través de la sexualidad y, por otra, el hijo, como persona humana, exige ser afirmado por sí mismo en el comienzo del existir.

Ahora bien escribe San Juan Pablo II, la lógica de la entrega total del uno al otro implica la potencial apertura a la procreación. Ciertamente, la entrega reciproca del hombre y la mujer no tienen como fin solamente el nacimiento de los hijos, sino que es, en sí misma, mutua comunión de amor y de vida. Pero siempre debe garantizarse la última verdad de tal entrega[54].

---

[52] Cfr. P.J. VILADRICH, *Agonía del matrimonio legal,* cit; 157. En A. SARMIENTO, *Matrimonio cristiano,* Pamplona 2012, p. 68.

[53] JUAN PABLO II, Exh. Apost. *Familiaris consortio,* n. 17.

[54] JUAN PABLO II, Carta Apostólica, *Gratissimam sane,* n. 12.

3. OFENSAS A LA DIGNIDAD DEL MATRIMONIO

Las cifras dicen que la institución del matrimonio está perdiendo "cuota de mercado" frente a las uniones de hecho, la cohabitación y el divorcio, principalmente. Por ejemplo, en EE.UU., en 1960 el 80% de los que tenían entre 25 y 34 años estaban casados, mientras que en 2010 ese porcentaje cae al 44%. Pero al mismo tiempo un gran porcentaje (61%) sueña con el matrimonio[55].

Es una realidad que en la gran mayoría de los países occidentales el número de divorcios ha aumentado (en la Unión Europea, se produce 1 divorcio cada 30 segundos; en España, 334/día), ha descendido el número de matrimonios, y ha aumentado el número de uniones de hecho (cohabitación sin compromiso conyugal).

3.1. *El adulterio, ofensa grave a la dignidad del amor matrimonial: "no cometerás adulterio"* (Ex 20, 14)

Una de las formas de infidelidad conyugal es el adulterio[56]. Se suele definir como la relación sexual entre un hombre y una mujer, uno de los cuales al menos está casado. Constituye una de las amenazas más graves contra el matrimonio.

El adulterio aparece condenado abiertamente en la Sagrada Escritura. Ya en el Antiguo Testamento, aunque el acento se pone en los actos externos y en los derechos del marido, se advierte también claramente la malicia y gravedad de desear (acto interno) la mujer del prójimo[57]. El Nuevo Testamento, que confirma y proclama la gravedad del pecado de adulterio, es sobre todo un testimonio del amor de Cristo para con los que, habiendo cometido ese pecado, manifiesten arrepentimiento.

El Señor condena con toda claridad este pecado, lo enumera entre los pecados que manchan al hombre[58]. Y se refiere al "*adulterio del corazón*" y al "adulterio del cuerpo" (el

[55] D`Vera Cohn, Jeffrey Passel, Wendy Wang and Gretehen Livingston, *Barely Half of U.S. Adults Are Married – A Record Low*, Pew Research Center, December 14, 2011.

[56] Sobre el origen y significado del término puede verse lo que dice Juan Pablo II, Alocución I-X-1980, n.5.

[57] Cfr. Ex 20, 17; Dt 5,21. Los contextos en que, en el *Antiguo Testamento,* se habla del adulterio como pecado, y, en consecuencia, se condena, son variados: a) a veces se rechaza expresa y directamente (Ex 20,14; Lv 18,20; Dt 5,18). En el sexto mandamiento del *Decálogo* se dice: "no cometerás adulterio"; b) otras veces se advierte contra la atracción de la mujer casada. La enseñanza del *Antiguo Testamento* es que el adulterio lesiona gravemente la estabilidad del matrimonio y es un pecado contra el designio divino sobre esa institución. Se dice además que debe ser castigado por lo menos en algunos casos con diversas penas que pueden llegar hasta la pena de muerte (Dt 22,22-24). En A. SARMIENTO, *El secreto del amor en el matrimonio,* Madrid, 2003, p. 196.

[58] Mt 15, 19; Mc 7, 21-22.

adulterio en sentido propio): "Habéis oído que fue dicho: no adulteraras". Pero yo os digo que todo el que mira a una mujer deseándola, ya adulteró en su corazón"[59].

El adulterio es incompatible con la fidelidad reclamada por el amor conyugal. Es la ruptura misma de ese amor[60]. En sí mismo considerado, es decir, objetivamente, es un pecado grave contra la castidad y la justicia. Cuando el Magisterio de la Iglesia, siguiendo a la Escritura y la Tradición, condena el adulterio y proclama su gravedad moral, no hace una concesión a los estilos culturales de épocas determinadas. Propone una doctrina que, por estar contenida en la Revelación y enraizada en la humanidad del hombre y de la mujer, es irreformable y de perenne actualidad.

El *Catecismo de la Iglesia Católica* realiza un buen resumen de los motivos de la malicia moral del adulterio: "El adulterio es una injusticia. El que lo comete falta a sus compromisos. Lesiona el signo de la alianza que es el vínculo matrimonial. Quebranta el derecho del otro cónyuge y atenta contra la institución del matrimonio, violando el contrato que le da origen. Compromete el bien de la generación humana y de los hijos, que necesitan de la unión estable de los padres"[61].

Son los argumentos que tradicionalmente ha empleado la teología a partir de los bienes de la persona y de la sexualidad, de la naturaleza de la unión y amor conyugal y del bien de los hijos en cuanto "razón de ser" o fin del matrimonio.

3.2. *El divorcio*

Como escribió la reciente fallecida Judith Wallerstein, investigadora social y psicóloga de reconocido prestigio en EE.UU. en un libro[62], para los hijos el divorcio de sus padres no es neutro. Para un grupo de hijos de divorciados que rondan los cuarenta años, la autora señala que solamente el 30% se ha casado, y de los que lo han hecho, para esta edad ya el 50% se han divorciado. Es decir, que un 85% no ha seguido la trayectoria de casarse y permanecer establemente casados.

Esto es así porque una característica determinante del desarrollo de edad es la plasticidad, esto es, la capacidad de asimilar aprendizajes, recibiendo de su entorno los elementos que éste le proporciona. La plasticidad del menor, en un tema como el de su seguridad afectiva, de tan profunda incidencia en su desarrollo, hace que la vivencia del divorcio de sus padres se convierta, se quiera o no, en una lección de vida, que queda grabada a fuego en los rasgos de su personalidad y en el archivo de sus recuerdos, vivencias y valores. De ello se deriva el hecho estadístico aludido de que, entre los hijos de

---

[59] Mt 5, 27-28.
[60] Cfr. *Gaudium et Spes,* n. 49.
[61] CEC, n. 2381.
[62] *The Unexpected Legacy of Divorce: A 25- Year Landmark Study* (Hyperion, 200).

divorciados, sea mucho más frecuente y arraigada la mentalidad divorcista y la actitud de considerar el matrimonio, o en general la unión afectiva, como algo cuestionable y sometido si no a término, sí a condición permanentemente.

El Señor Jesús insiste en la intención original del Creador, que quería un matrimonio indisoluble, y deroga la tolerancia que se había introducido en la ley antigua.

Entre bautizados católicos, el matrimonio rato y consumado no puede ser disuelto por ningún poder humano ni por ninguna causa fuera de la muerte. La separación de los esposos con permanencia del vínculo matrimonial puede ser legitima en ciertos casos previstos por el Derecho Canónico.

El divorcio es una ofensa grave a la ley natural, pues pretende romper el contrato aceptado libremente por los esposos de vivir juntos hasta la muerte. El divorcio atenta contra la Alianza de salvación de la cual el matrimonio sacramental es un signo. El hecho de contraer una nueva unión, aunque reconocida por la ley civil, aumenta la gravedad de la ruptura: el cónyuge casado de nuevo se halla entonces en situación de adulterio público y permanente:

El divorcio adquiere también su carácter inmoral a causa del desorden que introduce en la célula familiar y en la sociedad. Este desorden entraña daños graves: para el cónyuge inocente, que se ve abandonado; para los hijos, traumatizados por la separación de los padres, y a menudo viviendo en tensión; por su efecto contagioso, que hace de él una verdadera plaga social.

3.3. *Cohabitación – unión de hecho*

La cohabitación antes del matrimonio es hoy la senda más común de las parejas jóvenes, y para la mayoría de ellas más que una decisión meditada es algo hacia lo que se deslizan sin pensarlo. Cuando él o ella empiezan a pasar más noches en casa del otro que en la suya, al final parece natural dejar de pagar dos alquileres.

En términos futbolísticos diríamos que no se trata ahora de hacerle faltas al jugador y lesionarlo hasta incapacitarlo para jugar, como hace el divorcio. Se trata de buscarle un sustituto en el puesto que ocupa, de modo que progresivamente el matrimonio se queda, cada vez más, en el banquillo. Este sustituto es la "unión de hecho". Dado que el matrimonio y unión de hecho son, hoy por hoy al menos, prácticamente las únicas alternativas para el relevo generacional, cabe decir que son los dos únicos jugadores para ese puesto en el equipo de las instituciones sociales con las que hacer el mejor fútbol.

Pero, la necesidad de conocerse, de saber si uno y otra congenian, ¿no aconseja vivir juntos un tiempo, con todo lo que eso implica? Se trata de un asunto muy estudiado y sobre el que cada vez se va arrojando una luz más clara. Un buen resumen del *status quaestionis* sería el que sigue: está estadísticamente comprobado que la convivencia previa al matrimonio nunca produce efectos beneficiosos; por ejemplo: a) los divorcios son mucho más frecuentes -parece que el doble- entre quienes han convivido antes de contraer matrimonio; b) las actitudes de los jóvenes que empiezan a tener trato íntimo empeoran notablemente: se tornan más posesivos, más celosos y controladores, más desconfiados, etc. Pero, ¿por qué? Se ha estudiado ya que la sexualidad humana sabe hablar un único idioma: el de la entrega plena y definitiva. En las circunstancias que estamos considerando, esa total disponibilidad resulta contradicha por el corazón y la cabeza, que, con mayor o menor conciencia, la rechazan, al evitar un compromiso de por vida. Surge así una ruptura interior en cada uno de los novios, manifestada psíquicamente por un obsesivo y angustioso afán de seguridad, cortejado de recelos, temores, rencores y suspicacias, que acaban por envenenar la vida en común. Por otro lado, como consecuencia de lo anterior, uno y otra empiezan a sentirse mal y buscan de nuevo "estar juntos" como medio para evitarlo; el malestar se calma momentáneamente, mientras duran las relaciones, para luego crecer con más fuerza; y vuelta a empezar. Esa espiral fatídica culmina generalmente con la separación.

Si la cohabitación es completamente inútil para ayudar a las parejas a discernir su futuro, ¿por qué entonces la cohabitación es norma aceptada? Aunque resulte duro decirlo, pienso que es por una razón: sexo. El hecho de que se vayan a vivir juntos es el fruto de que ya han empezado a tener relaciones sexuales. No nos confundamos: la cohabitación tiene que ver con el sexo. Los jóvenes que cohabitan se hacen el uno al otro la declaración subliminal de que "no necesito casarme contigo para tener relaciones sexuales". Pero el amor entre un hombre y una mujer es algo demasiado valioso para ser rebajado y destrozado por la cohabitación. Por eso la Iglesia la condena, por la gran estima que siente por el amor conyugal.

El *Catecismo de la Iglesia Católica* en el n. 2390 expresa: "Hay unión libre cuando el hombre y la mujer se niegan a dar forma jurídica y publica a una unión que implica la intimidad sexual". La expresión en sí misma es engañosa: ¿qué puede significar una unión en la que las personas no se comprometen entre sí y testimonian con ello una falta de confianza en el otro, en sí mismo, o en el porvenir?

Esta expresión abarca situaciones distintas: concubinato, rechazo del matrimonio en cuanto tal, incapacidad de unirse mediante compromisos a largo plazo (Cfr. *Familiaris consortio* n. 81). Todas estas situaciones ofenden la dignidad del matrimonio; destruyen la idea misma de familia; debilitan el sentido de la fidelidad. Son contrarias a la ley moral: el acto sexual debe tener lugar exclusivamente en el matrimonio; fuera de éste constituye siempre un pecado grave y excluye de la comunión sacramental.

La cultura actual anima a la gente a ser feliz y a estar satisfecha, y el matrimonio ya no es visto como una institución centrada en las responsabilidades mutuas, sino basada en la búsqueda de la felicidad y el compañerismo. Se está pasando de un amor entendido como hacer feliz al otro, a un amor egoísta que busca hacerse feliz a uno mismo. Como consecuencia de estas tendencias, en el mundo occidental se ha desarrollado un umbral más bajo de tolerancia cuando el matrimonio no resuelve las expectativas de plenitud personal.

Se dice que: "El matrimonio es una institución maravillosa; pero ¿quién desea vivir en una institución?".

CAPÍTULO III

DESAFÍOS ACTUALES DE ESTA VISIÓN DE LA PERSONA Y DE LA SOCIEDAD PARA EL MATRIMONIO Y LA FAMILIA

No podemos ignorar la realidad que nos rodea, en la que esta hermosa verdad del matrimonio y la familia se ve acosada por graves deformaciones y obstáculos. Conocemos por experiencia las dificultades para llevar adelante una familia, y que ésta, en vez de ayuda, recibe bombardeos insistentes de confusión dirigidos al mismo concepto del matrimonio y la familia. Se mezclan verdades con claras mentiras para extender la idea de que cualquier opinión sobre estos temas es perfectamente válida, ocultando el impacto devastador que este vacío de verdad tiene en toda la sociedad, en especial en los más jóvenes, pues se trata de una cuestión trascendental para sus vidas.

La familia formada por un hombre y una mujer abiertos a la vida es, con mucho, la institución mas valorada por la sociedad. El problema del rechazo de la familia surge de una ideología que deforma el lenguaje y que impide hacer realidad los deseos más profundos de los hombres. "Se puede constatar así una profunda fractura entre una cultura determinada y exclusivista que impone una visión deformada sobre el matrimonio, sobre la familia, y la realidad social de nuestro país que, a pesar de la poderosa presión mediática, valora muy positivamente la institución familiar". (Carta Pastoral del Cardenal-Arzobispo de Madrid, *La familia: vida y esperanza para la humanidad,* Domingo 24 de junio del 2008).

Por eso, hay que destacar con fuerza, en un momento en el que las ideologías vuelven a estar vigentes, las raíces ideológicas de dicha fractura.

1. SOBRE LA REVOLUCIÓN SEXUAL E IDEOLOGÍA DEL GÉNERO

No debemos olvidar que vivimos todavía bajo el influjo de la revolución sexual que comenzó en los años sesenta del siglo pasado. En ella, se propugnó la fascinación de una libertad sin barrera alguna, de un impudor entendido como difusión de liberación, de una separación radical entre sexualidad y procreación por la extensión de los medios anticonceptivos[63]. Al mismo tiempo se desarrolló una cierta "cultura de muerte", debida sobre todo a la aceptación legal del aborto como un medio exigido por la libertad sexual que se preconizaba y que se ha convertido en un auténtico cáncer de nuestra sociedad, la primera de las "estructuras de pecado" que nos asedian.

Esta revolución ha provocado un profundo vacío y una necesidad de responder al desafío que se originó y que no ha encontrado todavía una clara contestación. En los últimos años la confusión sobre estos temas se ha agudizado progresivamente por la difusión desde ámbitos políticos e internacionales de la denominada "ideología del género", que ha condicionado perniciosamente distintas legislaciones nacionales, y que puede resumirse al fin y al cabo en la separación radical entre el sexo y el amor. Dicha teoría, surgida de análisis sociológicos muy parciales, sostiene la absoluta separación entre el sexo, considerado como una realidad meramente biológica, manipulable por medios científicos y técnicos, y lo que se denomina "género", que sería el modo concreto, personal y cultural de configurar el propio comportamiento sexual.

Aceptado este principio, se habría de reconocer, incluso legalmente, la igual dignidad de todos los géneros y, por consiguiente, la discriminación que supondría cualquier distinción entre los mismos. Con este argumento tan débil y falaz se ha extendido hasta extremos inimaginables todo un lenguaje de "género" que invade cada vez más hasta las más sencillas realidades vitales y cotidianas. A partir de estos presupuestos se rechaza la pretensión de que la diferencia sexual entre el varón y la mujer sea una dimensión humana de máximo rango, y se llega al absurdo de oponerse a la obvia identidad sexual de la naturaleza humana, necesaria para realizar la historia personal del amor. Todo queda a merced de la satisfacción de los deseos subjetivos en una sexualidad ambigua que se considera maleable.

La reforma del Código Civil en España en materia de matrimonio, de 2005, ha redefinido y desnaturalizado el contrato matrimonial eliminando la diferencia sexual de los contrayentes como elemento esencial del mismo. Lo que el Código llama matrimonio no es ahora la unión de un hombre y una mujer. Las palabras "esposo", "esposa" han sido sustituidas por el concepto genérico de "cónyuge" (A y B). De este modo, el ser esposo o esposa ha dejado de ser una realidad específicamente reconocida y protegida por la ley, como si lo que está en juego con esas palabras fuera una opción privada de algunos y no un bien público digno no sólo de ser definido y tutelado en cuanto tal, sino también de ser

---

[63]. Esta liberación de la sexualidad ha llevado también al crecimiento de dos feroces enemigos de la institución matrimonial y familia: la pornografía y la prostitución. La pornografía lleva a percepciones distorsionadas de la realidad social: una percepción exagerada del nivel de actividad sexual premarital y extramarital. Por su parte, practicar o consumir prostitución distorsiona el significado de la sexualidad y las relaciones personales. Otra consecuencia, aunque a otro nivel, de la separación voluntaria de sexualidad y procreación es la consanguinidad: la posibilidad de matrimonio entre hermanos. El limite legal tiene sentido cuando se piensa en la prole, pero una vez la procreación se separa del matrimonio o incluso de la sexualidad, no habría razones para degenerar a dos hermanos la sanción matrimonial.

cuidado y promovido por las leyes. Es un ejemplo grave de cómo la ideología de género, cuando se convierte en ley, no propicia el respeto de los derechos de todos los esposos y esposas actuales y futuros a ver reconocida, protegida y promovida su realidad. Esta legislación, al concebir el matrimonio como si fuera una mera relación afectiva, de hecho ha dejado de reconocer la institución matrimonial, que se define más bien por los bienes que aporta a la sociedad, a saber: la complementariedad de los sexos en su diferencia y la fecundidad del amor conyugal[64].

1.1. *La disolución de la imagen del hombre*

El Cardenal Ratzinger, posteriormente Papa Benedicto XVI, decía que la ideología del género es la última rebelión de la creatura contra su condición de creatura.

Con el ateísmo, el hombre moderno pretendió negar la existencia de una instancia exterior que le dice algo sobre la verdad de sí mismo, sobre lo bueno y sobre lo malo. Con el materialismo, el hombre moderno intentó negar sus propias exigencias y su propia libertad, que nacen de su condición espiritual.

En este comienzo del siglo XXI nos encontramos, sin darnos cuenta de toda su trascendencia, ante unos fenómenos muy influyentes en toda nuestra cultura, con clara repercusión negativa en la familia, el matrimonio y en toda nuestra sociedad. Ahora, con la ideología del género el hombre moderno pretende librarse incluso de las exigencias de su propio cuerpo: se considera un ser autónomo que se construye a sí mismo; una pura voluntad que se auto crea y se convierte en un dios para sí mismo.

La Conferencia Episcopal Española, en un documento de la XCIX Asamblea Plenaria: *"La verdad del amor humano"*, señaló unas orientaciones frente a las dificultades que van teniendo las familias en general sobre el amor conyugal, la ideología del género y la legislación familiar.[65].

Cuando se debilita u oscurece la imagen del ser humano, se oscurece también la imagen del matrimonio y de la familia. Se llega incluso a considerar esas instituciones como ataduras; cómo la banalización de la sexualidad conduce a una percepción, al menos parcial y fragmentada, de la realidad del matrimonio y de la familia. Una perspectiva desde la que resulta poco menos que imposible percibir toda su belleza[66]. Pero es en la actualidad cuando se ha llegado a plantear la más radical de las

---

[64] Cfr. Carta Pastoral del Cardenal- Arzobispo de Madrid, *La familia: vida y esperanza para la humanidad,* Domingo 24 de junio del 2008.

[65] Cfr. CONFERENCIA EPISCOPAL ESPAÑOLA, *La verdad del amor humano,* Madrid, 26 de abril de 2012, n. 45.

[66] Cfr. CONFERENCIA EPISCOPAL ESPAÑOLA, *La verdad del amor humano,* Madrid, 26 de abril de 2012, n. 49.

separaciones, aquella que disocia radicalmente la sexualidad y amor[67]. Nos referimos de manera particular a la propuesta de la llamada *"ideología de género"*[68].

1.1.1. La ideología del género

Los que proponen esta ideología quieren afirmar que las diferencias entre el varón y la mujer, fuera de las obvias diferencias anatómicas, no corresponde a una naturaleza fija que haga a unos seres humanos varones y a otros mujeres. Piensan más bien que las diferencias en la manera de pensar, obrar y valorarse a sí mismos son el producto de la cultura de un país y de una época determinados, que les asigna a cada grupo de personas una serie de características que se explican por las convivencias de las estructuras sociales de dicha sociedad.

Quieren revelarse contra eso, y dejar a la libertad de cada cual la opción de "género" al que quieren pertenecer, todos igualmente válidos. Para ellos, la heterosexualidad y la homosexualidad son simplemente modos de comportamiento sexual, producto de la elección de cada persona, libertad que todos los demás deben respetar.

a) Definición de ideología de género

Precisamente en la cumbre de Pekín, muchos de los delegados participantes que ignoraban esta "nueva perspectiva" del término en cuestión, solicitaron a sus principales propulsores una definición clara que pudiera iluminar el debate. Así, la directiva de la Conferencia de la ONU emitió la siguiente definición:

"El género se refiere a las relaciones entre mujeres y hombres basadas en roles definidos socialmente que se asignan a uno u otro sexo".

Esta definición creó confusión entre los delegados de la cumbre, principalmente entre los provenientes de países católicos y de la Santa Sede, quienes solicitaron una mayor explicación del término ya que se presentía que éste podría encubrir una agenda inaceptable que incluyera la tolerancia de orientaciones e identidades homosexuales, entre otras cosas. Fue entonces cuando Bella Abzug, ex diputada del Congreso de los Estados Unidos, intervino para completar la novedosa interpretación del término "género". "El sentido del término género ha evolucionado, diferenciándose de la palabra sexo, para expresar la realidad de que la situación y los roles de la mujer y del hombre son construcciones sociales sujetas a cambio".

---

[67] Cfr. CONFERENCIA EPISCOPAL ESPAÑOLA, *La familia, santuario de la vida y esperanza de la sociedad,* Madrid, 27 de abril de 2001, n. 31.

[68] Sobre la que llamamos la atención en: CONFERENCIA EPISCOPAL ESPAÑOLA, *La familia, santuario de la vida y esperanza de la sociedad,* nn. 33-34; CONFERENCIA EPSICOPAL ESPAÑOLA, *Directorio de la Pastoral Familiar de la Iglesia en España,* n. 11.

Quedaba claro pues que los partidarios de la perspectiva de género proponían algo mucho más temerario, como por ejemplo que "no existe un hombre natural o una mujer natural, que no hay conjunción de características o de una conducta exclusiva de un solo sexo, ni siquiera en la vida psíquica"[69]. Así, "la inexistencia de una esencia femenina o masculina nos permite rechazar la supuesta superioridad de uno u otro sexo, y cuestionar en lo posible si existe una forma natural de sexualidad humana"[70].

En resumen diremos que la ideología del género es un sistema de pensamiento cerrado que defiende que las diferencias entre el hombre y la mujer, a pesar de las obvias diferencias anatómicas, no corresponden a una naturaleza fija, *sino que son unas construcciones meramente culturales y convencionales,* hechas según los roles y estereotipos que cada sociedad asigna a los sexos.

b) ***Antecedentes de la ideología del género***

Los antecedentes de dicha ideología tenemos que buscarlos en el feminismo radical y en los primeros grupos organizados a favor de una cultura en la que prima la despersonalización absoluta de la sexualidad. Este primer germen cobró cuerpo con la interpretación sociológica de la sexualidad llevada a cabo por el informe Kinsey, en los años cincuenta del siglo pasado. A partir de los sesenta, alentado por el influjo de un cierto marxismo que interpreta la relación entre hombre y mujer en forma de lucha de clases, se ha extendido en ciertos ámbitos culturales.

El proceso de "deconstrucción" de la persona, del matrimonio y la familia, ha venido después propiciado por filosofías inspiradas en el individualismo liberal, así como por el constructivismo y las corrientes freudo-marxistas. Primero se postuló la práctica de la sexualidad sin la apertura al don de los hijos: la anticoncepción y el aborto. Después, la práctica de la sexualidad sin matrimonio: el llamado "amor libre". Luego, la práctica de la sexualidad sin amor. Más tarde la "producción" de hijos sin relación sexual: la llamada reproducción asistida. Y por último, la cultura unisex y la incorporación del pensamiento feminista radical, que separó la "sexualidad" de la persona: ya no habría varón y mujer, el sexo sería un dato anatómico sin relevancia antropológica. El cuerpo ya no hablaría de la persona, de la complementariedad sexual que expresa la vocación a la donación, de la vocación al amor. Cada cual podría elegir el configurarse sexualmente como desease[71].

---

[69] Véase el trabajo de Cristina Delgado, *Reporte sobre la conferencia Regional de Mar de Plata, Argentina,* en el que recoge diversas citas de "feministas del género".

[70] Véase el trabajo de Cristina Delgado, *Reporte sobre la conferencia Regional de Mar de Plata, Argentina,* en el que recoge diversas citas de "feministas del género".

[71] Cfr. CONFERENCIA EPISCOPAL ESPAÑOLA, *La verdad del amor humano,* Madrid, 26 de abril de 2012, n. 52.

c) Descripción de la ideología del género

Con la expresión "ideología del género" nos referimos a un conjunto sistemático de ideas, encerrado en sí mismo, que se presenta como teoría científica respecto del "sexo" y de la persona. Su idea fundamental deriva de un dualismo antropológico, donde el sexo sería un mero dato biológico que no configuraría en modo alguno la realidad de la persona. El sexo, la diferencia sexual, carecería de significación en la realización de la vocación de la persona al amor. Lo que existiría más allá del sexo biológico serían géneros o roles que, en relación con su conducta sexual, dependerían de la libre elección del individuo en un contexto cultural determinado y dependiente de una determinada educación[72].

Pero la palabra género según esta ideología sería como un término cultural para indicar las diferencias socioculturales entre el varón y la mujer.

Se puede señalar que el núcleo central de esta ideología es el dogma seudocientífico según el cual el ser humano nace "sexualmente neutro". Se sostiene una absoluta separación entre sexo y género. El género no tendría ninguna base biológica, sería una mera construcción cultural. Desde esta perspectiva la identidad sexual y los roles que las personas de uno u otro sexo desempeñan en la sociedad son productos culturales, sin base alguna en la naturaleza.

Entre otros géneros se distinguen: el masculino, el femenino, el homosexual masculino, el homosexual femenino, el bisexual y el transexual. La sociedad atribuiría el rol del varón o de la mujer mediante el proceso de socialización y educación de la familia[73].

Es en la cultura pan –sexualista donde se desenvuelve esta ideología. En una sociedad moderna ha de considerarse bueno el usar el sexo como un objeto más de consumo. Así se termina en el permisivismo más radical y, en última instancia, en el nihilismo más absoluto. No es fácil de constatar las consecuencias de este vaciamiento de significado: *una cultura que no genera vida* y que vive la tendencia cada vez más acentuada de convertirse en una cultura de muerte[74].

---

[72] .Cfr. CONGREGACIÓN PARA LA DOCTRINA DE LA FE, *Carta sobre la colaboración del hombre y la mujer en la Iglesia y en el mundo* (31. VII. 2004), n. 2: "La diferencia corpórea, llamada sexo, se minimiza, mientras la dimensión estrictamente cultural, llamada *género,* queda subrayada al máximo y considerada primaria".

[73] Cfr. CONFERENCIA EPISCOPAL ESPAÑOLA, *La verdad del amor humano,* Madrid, 26 de abril de 2012, n. 56.

[74] Cfr. JUAN PABLO II, Encíclica *Evangelium vitae,* Roma, 25 de marzo de 1995, n. 12.

d) Difusión de la ideología del género

Esta difusión se ha llevado a cabo desde muchos ámbitos de poder, y desde muchas universidades norteamericanas se ha intentado dar, desde los años 60, a los estudios de género un rango científico, que han tenido como plataforma de lanzamiento la conferencia Mundial de Naciones Unidas. Esta ideología está presente en todas las agencias de las Naciones Unidas desde los años 90: en concreto, en el fondo para la población, UNICEF, UNESCO Y OMS, que han elaborado muchos documentos empleando categorías propias de esta ideología.

Desde las Naciones Unidas pasó a la Unión Europea, donde se difunde por medio de algunos medios de comunicación y en las instituciones educativas.

Uno de los instrumentos más empleados ha sido la manipulación del lenguaje. Se ha propagado un modo de hablar que enmascara algunas de las verdades básicas de las relaciones humanas. Es lo que ha ocurrido con el término "matrimonio", cuya significación se ha querido ampliar hasta incluir bajo esa denominación algunas formas de unión que nada tienen que ver con la realidad matrimonial. Esa ideología, introducida primero en los acuerdos internacionales sobre la población y la mujer, ha dado lugar después a recomendaciones por parte de los más altos organismos internacionales y del ámbito Europeo que han inspirado algunas políticas de estado. Se busca sobre todo impregnar de esa ideología el ámbito educativo. Porque el objetivo se cumplirá cuando en la sociedad los miembros que la forman vean como normales los postulados que se proclaman[75].

e) El objetivo de la "ideología de género"

El objetivo principal de la "ideología del género" es modificar la naturaleza. En esta ideología lo cultural es lo natural en el hombre. Esta refundación de la naturaleza humana alcanzará, como lugares clave, el ámbito de la educación y de la familia, aprovechando para ello la legislación. Eliminando la naturaleza, el hombre solo tiene que seguir el impulso de sus deseos.

Con la "ideología de género" el hombre moderno pretende liberarse incluso de las exigencias de su propio cuerpo: se considera un ser autónomo que se construye a sí mismo; una pura voluntad que se autocrea y se convierte en un dios para sí mismo.

La "ideología de género" pretende instaurar una cultura sin sexos, sin identidad sexual (varón o mujer), pero sí con orientaciones sexuales.

1.1.2. Mas allá de la ideología del género

---

[75] . Cfr. CONFERENCIA EPISCOPAL ESPAÑOLA, *La verdad del amor humano,* Madrid, 26 de abril de 2012, n. 60.

La concepción constructivista del sexo, propia de la ideología del género, es asumida y prolongada por las teorías "queer" (raro). Sobre la base de que el "género" es per-formativo y se construye constantemente, proclaman que su identidad es variable, dependiendo de la voluntad del sujeto. Este presupuesto, que lleva necesariamente a la disolución de la identidad sexual y de género, conduce también a defender su transgresión permanente[76].

En esta línea se encuadra la llamada teoría del cyborg, entre cuyos objetivos está, como paso primero, la emancipación del cuerpo: cambiar el orden significante de la corporalidad, eliminar la naturaleza. Se trata de ir a una sociedad sin sexos y sin géneros, en la que el ideal del nuevo ser humano estaría presentado por una hibridación que rompiera la estructura dual hombre-mujer, masculino-femenino. Una sociedad, por tanto, sin reproducción sexual, sin paternidad y sin maternidad. La sociedad así construida estaría confiada únicamente a la ciencia, la biomedicina, la biotecnología y la ingeniería genética. El origen y final del existir humano se debería solo a la acción de la ciencia y de la tecnología, las cuales permitirían lograr ese transhumanismo en el que quedaría superada su propia naturaleza (pos humanismo)[77].

La dignidad de la persona se degrada hasta el punto de ser rebajada a la condición de cosa u objeto totalmente manipulable. La corporalidad, según esta teoría, no tendría significado antropológico. Y por eso mismo carecería de significado teológico. La negación de la dimensión religiosa es el presupuesto necesario para poder construir el modelo de hombre y la construcción de la sociedad que se intenta. Esta teoría lleva a una idea inhumana de hombre, porque, arrastrada por su concepción del mundo, absolutamente materialista, laicista y radical, es incapaz de reconocer cualquier referencia a Dios[78].

1.1.3. La falta de la ayuda necesaria

La falta de apoyo al matrimonio y la familia que advertimos en nuestra sociedad se debe, en gran parte, a la presencia de esas ideologías en las políticas sobre la familia. El matrimonio ha sufrido una desvalorización sin precedentes. La aplicación del popularmente denominado "divorcio exprés" es solo un ejemplo, que lo ha convertido en uno de los contratos más fáciles de rescindir, e indica que la estabilidad del matrimonio no se ve como un bien que haya que defender. Lo único que importa entonces es una solución "técnico - jurídico"[79]. Una muestra clara de la desprotección y falta de apoyo a la

---

[76] . Cfr. CONFERENCIA EPISCOPAL ESPAÑOLA, *La verdad del amor humano,* Madrid, 26 de abril de 2012, n. 62.

[77] Cfr. CONFERENCIA EPISCOPAL ESPAÑOLA, *La verdad del amor humano,* Madrid, 26 de abril de 2012, n. 64.

[78] Cfr. CONFERENCIA EPISCOPAL ESPAÑOLA, *La verdad del amor humano,* Madrid, 26 de abril de 2012, n. 65.

[79] Cfr. CONFERENCIA EPISCOPAL ESPAÑOLA, *La verdad del amor humano,* Madrid, 26 de abril de 2012, n. 67.

familia ha sido la legislación sobre la situación de las menores de edad que quieren abortar sin el consentimiento de los padres.

1.1.4. La reacción ante la disolución de significados

Muchas veces las mujeres apoyan los postulados de la ideología del género porque piensan que son avances de carácter feminista. Y como vemos, no es así. El feminismo defiende la igualdad entre la mujer y el hombre. La ideología de género va más allá: se trata de borrar esa distinción. En el fondo la ideología del género propone la destrucción de la familia biológica que Freud no logró ver, y que permitirá – aseguran sus defensores – la emergencia de mujeres y hombres nuevos, diferentes a los que han existido anteriormente.

La ideología de género hace mucho daño a la sociedad, como lo hizo el marxismo o el nazismo, pero al final se volverá a imponer el sentido común. El problema es el daño en vidas personales y en formación de conciencias que se deja por el camino. Ese es el gran peligro de las ideologías, un sistema cerrado que pretende dar una explicación total del hombre y de la sociedad, y que dentro de sus planteamientos es muy coherente con su comportamiento. Como vemos la ideología del género es coherente con sus premisas pero desde fuera de ellas vemos que estamos ante un anti humanismo pesimista a más no poder, ante una fobia ante aquellas cosas más bellas que hay en el ser humano, como son la dimensión sexual, la maternidad, el compromiso matrimonial, la familia, etc.

"El camino primero e imprescindible para salir al paso de las consecuencias de esta ideología de género, tan contrarias a la dignidad de las personas, será el testimonio de un amor humano verdadero vivido en una sexualidad integrada. Una tarea que, siendo propia y personal de todos y cada uno de los miembros de la sociedad, corresponde de un modo muy particular a los matrimonios y familias. Porque son ellos, sobre todo, los que, con el testimonio de sus vidas, harán creíbles a quienes les contemplan la belleza del amor que viven y les une. Nunca se debe olvidar que en todo corazón humano anidan unos anhelos que despiertan siempre ante el bien y la verdad"[80].

Estoy muy convencido de que esta ideología no triunfará. Yo creo que la humanidad tiene una capacidad de resistencia ante los planteamientos antihumanos bastante fuerte. Bien es verdad que durante cierto tiempo se convencen a unos cuantos, pero al final la fuerza de la naturaleza, de la constitución psicofísica del ser humano y la complementariedad de sexos acaban imponiéndose. El ser humano puede empeñarse en cosas absurdas durante una temporada, pero no siempre, ósea no todo está perdido.

---

[80] Cfr. CONFERENCIA EPISCOPAL ESPAÑOLA, *La verdad del amor humano,* Madrid, 26 de abril de 2012, n. 71.

1.2. *Sobre la secularización del matrimonio*

Se considera que la presencia de Dios en el amor entre un hombre y una mujer es algo accesorio, que los contrayentes "ponen" por su propia voluntad como un añadido a un amor que sería completo por sí mismo. Esta valoración surge por vez primera con la reforma protestante, en el siglo XVI, y significa una ruptura respecto al hecho comprobado de que las culturas de todos los tiempos han considerado el matrimonio como una realidad *sagrada:* en toda las culturas se ha reconocido valor trascendente a la unión abierta a la vida de un hombre con una mujer hasta el punto de que se ha ratificado mediante una manifestación pública de su significado religioso.

Detrás de esta propuesta secularizadora podemos ver la perniciosa separación que existe en la mente de muchos entre el *eros* humano y el *ágape* divino, como si no hubiera comunicación entre ellos. El Papa, al señalar en *Deus caritas est* la unidad profunda de ambos en el plan de Dios, nos indica al mismo tiempo que es fundamental la superación de esta postura para poder llevar a cabo una auténtica evangelización. Si Dios no habla al corazón del hombre por medio del amor humano, es decir, si se quita del amor personal el valor trascendente que contiene, la revelación divina será ajena a lo genuinamente humano. En definitiva, Cristo no sería la plenitud del hombre, ni tampoco de su amor esponsal. (Carta Pastoral del Cardenal- Arzobispo de Madrid, *La familia: vida y esperanza para la humanidad,* Domingo 24 de junio del 2008).

Esto es particularmente grave entre los cristianos. Son muchos los que perciben el valor sacramental del matrimonio como algo ajeno al amor que les une: ¡que más da casarse por la Iglesia o no!, se oye con frecuencia. No descubren ni viven en consecuencia el profundo valor del misterio que envuelve su amor conyugal. De esta forma, el peligro de encerrarlo en un intimismo a merced de la debilidad de una simple interpretación romántica del amor es muy grande.

Otra consecuencia de lo dicho es la tentación de reducir el matrimonio a la ceremonia. Para que los jóvenes comprendan que vale la pena comprometerse en el matrimonio, tienen que entender la sustancia de la unión matrimonial, que no se reduce a los ritos formales[81].

1.3. *La privatización del amor*

Podemos ahora entender de qué modo la consecuencia inmediata de la secularización del matrimonio ha sido la *privatización del amor.* Este ha sido un fenómeno de inmensas proporciones.

---

[81] Cfr. Carta Pastoral del Cardenal- Arzobispo de Madrid, *La familia: vida y esperanza para la humanidad,* Domingo 24 de junio del 2008.

Dentro del proceso de subjetivización de la fe, considerada por la modernidad como algo irracional que debe reducirse a lo íntimo de la conciencia y sin relevancia social alguna, el valor trascendente del amor ha sufrido un gran deterioro. Se han considerado el amor como una realidad también irracional, valiosa sólo en la intimidad.

De hecho, se han ido suprimiendo cuidadosamente todas las referencias al amor en el ámbito público: la política, las relaciones sociales, la economía. De ahí que las cuestiones sobre el matrimonio y la familia no pertenezcan a la moral social, sino a la privada.

El Papa Benedicto XVI nos advierte en *Caritas in veritate, n.2* de la falacia de pretender fundar la sociedad sin apoyo alguno en el amor y de la perniciosa idea de una concepción dialéctica entre amor y justicia, como si el primer elemento fuera importante en el ámbito privado y el segundo en el público. Es un hecho notorio que el subjetivismo ha debilitado el amor de tantos esposos, y la simple justicia, entendida de un modo meramente procedimental, no ha sabido ayudar a una valoración de los bienes sociales que la familia aporta a la sociedad. Más bien, se han querido resolver los problemas crecientes que brotan de matrimonios rotos, familias desestructuradas y la violencia doméstica consecuente, con medidas que acentúan todavía más esta privatización, con lo que el mal todavía se agrava considerablemente. (Carta Pastoral del Cardenal- Arzobispo de Madrid, *La familia: vida y esperanza para la humanidad,* Domingo 24 de junio del 2008).

En relación con estas ideas, pero en otro plano, está la idealización de la pareja perfecta. La visión, bastante extendida entre los jóvenes, de que el compromiso matrimonial se puede romper cuando ya no se experimenta satisfacción va unida a una visión del amor centrada en el mito de la pareja perfecta. Se suele argumentar que no se sabe que se ha encontrado a la persona adecuada hasta que no se tiene 100% de certeza de que la otra persona será la que te hará feliz. Quizá nunca se han planteado que la pareja ideal no es un punto de partida, sino de llegada. En esa búsqueda, las emociones fuertes ocupan un papel central y son identificadas como la esencia del amor. Si bien muchos jóvenes reconocen los aspectos objetivos del amor (el cuidado atento de la otra persona, la fidelidad o la amistad), tienden a ver los aspectos subjetivos como el indicador auténtico de que existe amor conyugal. En definitiva, el matrimonio se concibe como una fuente de felicidad individual[82].

---

[82] Cfr. Carta Pastoral del Cardenal- Arzobispo de Madrid, *La familia: vida y esperanza para la humanidad,* Domingo 24 de junio del 2008.

SEGUNDA PARTE

CAPÍTULO IV

LA INSEPARABILIDAD DE LOS SIGNIFICADOS UNITIVO Y PROCREATIVO DEL ACTO CONYUGAL

El matrimonio y el amor conyugal están ordenados por su propia naturaleza a la procreación y educación de los hijos. El *Catecismo de la Iglesia Católica,* tratando sobre la fecundidad del matrimonio, enseña: la fecundidad es un don, un fin del matrimonio, pues el amor conyugal tiende naturalmente a ser fecundo. El niño no viene de fuera a añadirse al amor mutuo de los esposos; brota del corazón mismo de ese don recíproco, del que es fruto y cumplimiento. Por eso la Iglesia que está a favor de la vida[83], enseña que todo "acto matrimonial debe quedar abierto a la transmisión de la vida"[84]. Llamados a dar vida, los esposos participan del poder creador y de la paternidad de Dios (Cfr. Efesios 3, 14; Mateo 23, 9)[85].

La Encíclica *Humanae vitae* sitúa su juicio moral sobre la contracepción en una amplia perspectiva antropológica y moral, a la luz de una visión integral del hombre y de su vocación divina (Cfr. Encíclica, *Humanae vitae,* n. 7). Trata, en efecto, la sexualidad humana resaltando en un primer plano la vinculación entre el comportamiento sexual y los valores éticos del amor, la fidelidad y la fecundidad conyugales. La Encíclica fundamenta, en última instancia, su doctrina "en la inseparable conexión que Dios ha querido y que el hombre no puede romper por propia iniciativa, entre los dos significados del acto conyugal: el significado unitivo y el significado procreador"[86].

1. LA APERTURA A LA FECUNDIDAD DEL ACTO CONYUGAL

Hasta el primer tercio del siglo XX el acto conyugal se ha considerado siempre, al menos por la generalidad de los autores, como unido a la procreación. Sin embargo, a partir de la segunda mitad con el progreso de la medicina, que tan notablemente ha

---

[83] Cfr. JUAN PABLO II, Exhor. Apost. *Familiaris consortio,* n. 30.
[84] Cfr. PABLO VI, Encíclica *Humanae vitae,* n. 11.
[85] Cfr. CEC, nn. 2366-2367.
[86] Cfr. PABLO VI, Encíclica *Humanae vitae,* n. 12.

contribuido al descenso de la mortalidad infantil, y de las ciencias naturales, particularmente en el campo de la biología, posibilitando el dominio del hombre sobre su sexualidad, junto con la difusión progresiva de la tesis neomaltusianas se fueron introduciendo cambios en la concepción y actitud sobre la procreación y, en general, sobre la vida sexual.

El hecho es que la producción industrial de contraceptivos farmacéuticos y mecánicos, unida a una cada vez más extendida "mentalidad anti vida", ha llegado a presentar la anticoncepción como algo bueno y deseable[87]. Posteriormente, los progresos conseguidos en las técnicas reproductivas han hecho posible, en no pocos casos, la reproducción sin sexualidad. Sobre la base de una referencia a la relación interpersonal de la sexualidad humana en el contexto del matrimonio, esa misma mentalidad con el recurso a los fármacos contraceptivos se ha extendido también entre algunos teólogos católicos.

Pero esta forma de proceder, es decir, ejercer la sexualidad desligándola de su orientación a la fecundidad, o buscar la procreación sin relación con el ejercicio de la sexualidad, contradicen la verdad y naturaleza del acto conyugal. Así lo ha proclamado siempre la Iglesia, y esa es también la conclusión a que se llega desde la consideración racional de la sexualidad y del acto propio de la entrega sexual. "La contracepción se opone gravemente a la castidad matrimonial, es contraria al bien de la transmisión de la vida (aspecto procreativo) y a la donación reciproca de los cónyuges (aspecto unitivo del matrimonio), lesiona el verdadero amor y niega el papel soberano de Dios en la transmisión de la vida humana"[88].

1.1. *Inseparabilidad de los significados unitivo y procreador del acto conyugal*

En el acto matrimonial están inscritos dos significados o dimensiones correspondientes a la doble finalidad de la sexualidad y del matrimonio: la unitiva y la procreadora. Una y otra se pueden separar artificialmente, de hecho la biología las separa (véase por ejemplo, en los días infértiles de la mujer).. Pero por otra parte, dado que la actividad sexual no es automática, sino que ha de estar sometida al dominio de la voluntad, está en la potestad del hombre ejercer o no esa actividad, o suspenderla.

---

[87] Cfr. R. LAWLER, J. BOYLE, W. MAY, *Ética sexual*, cit., 266. En A. SARMIENTO, *Al servicio del amor y de la vida: el matrimonio y la familia*, Rialp 2006, p. 175.

[88] PONTIFICIO CONSEJO PARA LA FAMILIA, *Vademecum para los confesores acerca de algunas cuestiones sobre moral conyugal*, 2, n. 4.

La cuestión que ahora se plantea es si también son separables ética-mente. La cuestión, central en la consideración de la sexualidad humana, ha sido abordada por *Humanae vitae* (el aspecto de la sexualidad sin procreación) y por *Donum vitae* (el de la procreación sin sexualidad). Y la respuesta dada por uno y otro documento es clara: en el acto conyugal existe una unión de tal naturaleza que nunca está permitido separar estos diversos aspectos hasta el punto de excluir positivamente sea la intensión procreativa, sea la relación conyugal[89]. La inseparabilidad de esos bienes y significados en la relación conyugal está requerida por la verdad ontológica del acto conyugal como acto de amor de los esposos, y designa el carácter indisociable de la dimensión unitiva y procreadora de la sexualidad humana. En *Humanae vitae* se señala que esa es la estructura íntima del acto conyugal. Se habla, por tanto, del carácter objetivo de esa insociabilidad.

En la sexualidad humana y en el acto conyugal los significados unitivo y procreador están unidos inseparablemente por designio de Dios. Uno y otro se reclaman e implican mutuamente hasta el punto que, si cualquiera de ellos falta, ni el ejercicio de la sexualidad es humano ni la unión sexual es verdaderamente conyugal. En el fondo, porque en la verdad de su dimensión ontológica constituyen una unidad. *Humanae vitae* habla de la "inseparable conexión que Dios ha querido, y que el hombre no puede romper por propia iniciativa, entre los dos significados del acto conyugal: el significado unitivo y el significado procreador"(HV, n.12). La consideración antropológica y teológica de la sexualidad y el amor conyugal exigen que en la relación del acto conyugal se observe como norma la inseparabilidad de ambos significados. La inseparabilidad de esos dos significados es un criterio de la verdad del acto conyugal. Es una necesidad ética: una realidad que debe ser así.

El término "significado" indica la finalidad a la que está orientado el acto conyugal en su dimensión objetiva. Por eso mismo señala también el criterio que determina la verdad de ese acto en su dimensión subjetiva. La coincidencia de estos dos significados responde a la verdad del acto y a la norma que deben seguir los esposos.

1.2. *La "racionabilidad" de la norma de la inseparabilidad de los significados unitivo y procreador*

El principio de la inseparabilidad de los significados unitivo y procreador del acto conyugal está formulado con claridad por el Magisterio. Otra cosa, sin embargo, es la justificación racional[90], sobre lo que no hay unanimidad entre los autores. Pero acerca de

---

[89] DVi, II, n.4. Cfr. PÍO XII, Aloc. (19.V. 1956), en AAS 48 (1956) 470, en A. SARMIENTO, *Al servicio del amor y de la vida: el matrimonio y la familia,* Rialp2006, pp. 176- 177.

[90] Entre los intentos de argumentación se pueden citar – a parte del articulo ya citado de M. RHONHEIMER- los estudios de: G. MARTELET, *Amor conyugal y renovación conciliar,* Bilbao 1968; B.

este punto se debe advertir que el valor y obsequio que se debe dar a la doctrina no depende de la argumentación racional, está ligado "a la luz del Espíritu Santo, de la cual están particularmente asistidos los pastores de la Iglesia para ilustrar la verdad"[91].

El fundamento antropológico de la inseparabilidad de esos significados y bienes está en la unidad substancial de la persona humana cuerpo-espíritu y en la consideración de la sexualidad como dimensión constitutiva de la persona. No es posible pensar la dimensión procreadora como dimensión natural y la dimensión unitiva como la dimensión personal[92].

Desde el punto de vista teológico se debe advertir que el amor conyugal es, en su verdad más profunda, participación del amor creador de Dios; y, por eso, es esencialmente don. Según su naturaleza e intrínseco dinamismo es, a la vez que comunión interpersonal entre los esposos, colaboración con Dios en la generación y educación de nuevas vidas. En toda concepción humana se unen misteriosa, pero realmente, el poder creador de Dios y la colaboración del hombre. De tal modo que tal vez, más que de procreación y de la dimensión procreadora del acto conyugal, se debería hablar de con-creación y dimensión con-creadora, "en el sentido de que pone la condición necesaria y suficiente establecida por la libre decisión divina para que Dios cree el espíritu humano y así una nueva persona entre en la existencia"[93].

1.3. *La "autoridad" de la norma de la inseparabilidad de los significados unitivo y procreador*

Es una norma que debe recibirse como verdadera e irreformable. Es una ley moral orientada a dirigir la conducta que los esposos deben seguir en su relación matrimonial. Pertenece, por tanto, a ese ámbito de cuestiones, la fe y la moral, cuya proposición e interpretación autentica pertenece al Magisterio de la Iglesia[94]. Enseñada repetidamente, recoge la norma siempre antigua y siempre nueva de la Iglesia sobre el matrimonio y la transmisión de la vida humana[95].

HONNINGS, *Il principio di inscindibilita un segno per due significati,* en "Lateranum" 44 (1978) 169-194. Por su profundidad destaca el estudio de K. WOJTYLA, *Amor y responsabilidad,* Madrid 1972. En A. SARMIENTO, *Al servicio del amor y de la vida: el matrimonio y la familia,* Rialp 2006, p. 178.

[91] PABLO V, Encíclica *Humanae vitae*, n. 28.

[92] Cfr. C. CAFFARRA, *Ética general de la sexualidad,* cit., 35.

[93] Cfr. C. CAFFARRA, *Ética general de la sexualidad,* cit., 59. El autor explica en estas páginas el sentido en el que, hablando con rigor teológico y filosófico, es posible referirse a la sexualidad como facultad de cooperar con el amor creador de Dios. En A. SARMIENTO, *Al servicio del amor y de la vida: el matrimonio y la familia,* Rialp 2006, p. 180.

[94] Cfr. PABLO VI, *Humanae vitae,* n. 46; *Familiaris consortio,* n. 33.

[95] Cfr. JUAN PABLO II, Exh. Apost. *Familiaris consortio,* n. 29; CEC, n. 2366.

Por estar inscrita en las estructuras de la vida del amor y de la dignidad humana, deriva en última instancia de la ley de Dios. El Magisterio de la Iglesia subraya que esta norma no es más que una declaración de la ley natural y divina[96] inscrita en la naturaleza humana y confirmada por la Revelación. Pertenece por tanto al orden moral revelado por Dios[97]. Es, por eso, una norma definitiva[98]. La Iglesia no puede renunciar a enseñarla[99], pues tan sólo es la depositaria y su intérprete[100] y ha de proclamarla con humildad y firmeza[101].

En continuidad con el Concilio Vaticano II y con el Magisterio anterior, la Encíclica *Humanae vitae* proclama que el amor conyugal y su acto específico, el acto matrimonial, ha de ser plenamente humano, total, exclusivo y abierto a la vida. Es un "principio" que no admite excepciones.

La contracepción que, como su nombre indica, está dirigida a evitar la concepción, atenta directamente contra esa verdad. Es siempre un desorden moral grave, porque la procreación y la donación personal reciproca son bienes básicos del matrimonio y del amor conyugal.

2. MATRIMONIO Y FAMILIA: NATALIDAD Y ANTICONCEPCIÓN

Cuarenta años después de la promulgación de *Humanae vitae*, Benedicto XVI ha dicho que "la intención del Papa Pablo VI era la de defender el amor contra la sexualidad como consumo, el futuro contra la pretensión exclusiva del presente, y la naturaleza del hombre contra su manipulación"[102].

Al comienzo de su encíclica, Pablo VI planteaba con toda honestidad las dudas y cuestionamientos de muchos hombres y mujeres de nuestro tiempo: Consideradas las condiciones de la vida actual y dado el significado que las relaciones conyugales tienen en orden a la armonía entre los esposos y a su mutua fidelidad (Cfr. Encíclica *Humanae vitae*, n. 3), ¿están los hombres de hoy en condiciones de aceptar una doctrina moral tan exigente?

---

[96] Cfr. PABLO VI, *Humanae vitae,* nn. 11, 18-20.
[97] Cfr. PABLO VI, *Humanae vitae,* nn. 11- 10; Cfr. JUAN PABLO II, Aloc. (18.VII.1984), n. 4.
[98] Cfr. *Lumen Gentium,* n. 25.
[99] Cfr. PABLO VI, *Humanae vitae,* n. 19.
[100] PABLO VI, *Humanae vitae,* n. 18.
[101] PABLO VI, *Humanae vitae,* n. 18.
[102] BENEDICTO XVI, *Discorso alla Curia Romana in occasione della presentazione degli auguri natalizi*, 22/12/2008.

Podríamos formularlo con una pregunta: ¿qué aceptación ha tenido la doctrina pontificia sobre la sexualidad matrimonial y sobre la relación entre sexualidad y natalidad? No se puede responder fácilmente y con exactitud a esta pregunta. Si se hace caso a las voces que se oyen por doquier, tal vez nos desalentaríamos, pues da la impresión de que no son muchos los matrimonios que acogen con alegría esta doctrina de la Iglesia. Sin embargo, a estas alturas de la historia, cualquier persona de sentido común debería estar inmunizada ante la representatividad de lo que llamamos "las voces que se escuchan", es decir, los corifeos de los medios de comunicación. Si nos atenemos al volumen de los gritos, hoy todo el mundo parecería exigir libertad sexual, reconocimiento de la homosexualidad, legalización de las drogas, derecho a abortar o a matarse, libre distribución de anticonceptivos, etc. Pero estas voces nos llegan siempre a través de bocinas (medios de comunicación, escritores, hombres públicos) que en una gigantesca medida se han vendido, sin vergüenza alguna, a pequeños grupos de "gran poder", o han cedido cobardemente a las presiones reinantes de una cultura sin valores; es decir que forman parte del gran mentidero del mundo moderno.

Hay muchos interesados en que se piense que quedan pocas personas decentes en este *mundo*, pero no es esa la verdad; ésa es la forma en que se hace fuerza a la verdad.

No podemos decir pues que la mayoría de los católicos no haya acogido ni vivido las enseñanzas morales de *Humanae vitae.* Más bien ignoramos cuál sería la reacción de los católicos si conociesen "adecuadamente" esta doctrina. Pues, ¿cómo podemos saber qué aceptación tiene cuando prácticamente ningún sacerdote predica sobre ella; se escribe muy poco al respecto; y quienes llegan a escucharla no siempre la entienden correctamente?

Reconozcamos, de todos modos, que no son pocos, por un motivo u otro, los que encuentran difícil la enseñanza de este documento.

De ahí la necesidad de hacernos esta pregunta inicial: en el fondo, ¿cuál es el problema? Si se me permite expresarlo así, diría que más que un problema sexual-conyugal es un problema conyugal-espiritual. Pablo VI lo expresó diciendo que la doctrina de la Iglesia sobre este punto, "como todas las grandes y beneficiosas realidades, exige un serio empeño y muchos esfuerzos de orden familiar, individual y social"[103].

El Papa Pablo VI ha insistido en esta encíclica en que el amor conyugal, para que sea autentico, debe ser reflejo de su fuente, el divino. Porque la vocación al amor brota del amor supremo que es Dios (*Humanae vitae*, n. 8). Si el amor humano se diferencia esencialmente del divino, entonces no es amor autentico. Por eso todo problema en que

[103] Cfr. PABLO VI, *Humanae vitae*, n. 20.

esté implicado el amor de los esposos no puede ser considerado al margen de la visión integral del hombre y de su vocación, no solo natural y terrena, sino también sobrenatural y eterna[104].

Ahora bien, el amor conyugal, cuando se lo considera en todo su conjunto, y a la luz del divino, presenta esas cuatro notas fundamentales: plenamente humano, total, fiel y fecundo[105].

2.1. *Las profecías de la Humanae vitae*

Humanae vitae es una encíclica considerada profética por muchos motivos[106]. Es profética en sentido amplio, es decir, es un testimonio del Magisterio, de su compromiso con la verdad que no se casa con ninguna conveniencia política ni económica, ni aun cuando esto pueda acarrearle la oposición y la persecución del mundo. Los profetas, en su tiempo, fueron considerados aguafiestas.

Las principales profecías se encuentran en el n. 17 de la encíclica: "Los hombres rectos podrán convencerse todavía más de la consistencia de la doctrina de la Iglesia en este campo si reflexionan sobre las consecuencias de los métodos de la regulación artificial de la natalidad. Consideren, antes que nada, el camino fácil y amplio que se abriría a la infidelidad conyugal y a la degradación general de la moralidad. No se necesita mucha experiencia para conocer la debilidad humana y para comprender que los hombres, especialmente los jóvenes, tan vulnerables en este punto, tienen necesidad de aliento para ser fieles a la ley moral y no se les debe ofrecer cualquier medio fácil para burlar su observancia. Podría también temerse que el hombre, habituándose al uso de las practicas anticonceptivas, acabase por perder el respeto a la mujer y, sin preocuparse más de su equilibrio físico y psicológico, llegase a considerarla como simple instrumento de goce egoísta y no como a compañera, respetada y amada".

Se trata, como puede verse, de cuatro consecuencias preanunciadas por Pablo VI como fruto de la difusión de la mentalidad anticonceptiva: El camino fácil a la infidelidad; la degradación moral; la pérdida de la dignidad de la mujer; política y demografía.

---

[104] Cfr. PABLO VI, *Humanae vitae*, n. 7.

[105] Cfr. PABLO VI, *Humanae vitae*, n. 9.

[106] Al cumplirse los 30 años de la *Humanae vitae*, decía el Card. Alfonso López Trujillo, Presidente del Consejo Pontificio para la familia: "Hace ya tres décadas que el Santo padre Pablo VI hizo publica esta encíclica que, con sobrada razón, es hoy cada vez mas reconocida como profética. Así lo hizo el Sínodo de la Familia (1980); así lo testimonian episcopados, movimientos apostólicos y estudiosos en diferentes partes del mundo" (A los treinta años de la "*Humanae vitae*" de S.S. Pablo VI). Y al cumplirse el 40º aniversario, los obispos canadienses han publicado un mensaje donde tres veces se hace referencia al carácter profético del documento de Pablo VI (Message de la Conférence des eveques catholique du Canada à lèncyclique Humanae vitae, 26/09 2008).

Mahatma Ghandi, a pesar de haber sido enérgicamente presionado por Margaret Sanger[107], fundadora de Paternidad Planificada, resumió las consecuencias perjudiciales de la anticoncepción artificial diciendo: "Los métodos artificiales (de anticoncepción) son como la coronación del vicio. Hacen a los hombres y mujeres imprudentes. La naturaleza es despiadada y tendrá su gran venganza por cada violación que se le infrinja a sus leyes. Los resultados morales pueden ser solamente producidos por la restricción moral. Todas las demás restricciones hacen fracasar los mismos propósitos para los cuales fueron planeadas. Si los métodos artificiales se convierten en el orden del día, el resultado no será otro más que la degradación moral. Una sociedad que ya se ha debilitado a través de una variedad de causas estará aún más debilitada a causa de la adopción de métodos (de control de nacimiento) artificiales. En este estado de cosas, el hombre ha degradado bastante a la mujer a causa de su lujuria, y los métodos artificiales, sin importar la buena intención de sus defensores, la degradaran aún más". (Miguel A. Fuentes, *Matrimonio cristiano, natalidad y anticoncepción,* Argentina 2009, pp. 56-67).

2.2. *La paternidad y maternidad responsable a la luz de "Gaudium et spes" y de "Humane vitae"*

El amor se ordena a dar la vida, a ser fecundo. Pero la fecundidad por la cual los esposos se convierten al mismo tiempo en padres y madres debe ser también una dimensión "humana", es decir, guiada por la razón y por la virtud que la perfecciona en el plano del obrar: la prudencia. De aquí que Pablo VI hable de paternidad y maternidad responsable: "el amor conyugal exige a los esposos una conciencia de su misión de paternidad responsable sobre la que hoy tanto se insiste con razón y que hay que comprender exactamente. Hay que considerarla bajo diversos aspectos legítimos y relacionados entre si"[108].

Lamentablemente este término, lleno de sentido, ha sido manipulado hasta hacerlo sinónimo del concepto opuesto: para muchos, en efecto, equivale a tener pocos hijos, o incluso cerrarse a la paternidad y a la maternidad.

¿Qué significa, en realidad, este concepto en la sana teología y en el autentico Magisterio de la Iglesia? Expresa, en resumidas cuentas, que la transmisión de la vida, como todas las cosas humanas de gran monta, debe estar guiada por un juicio recto, por una decisión ponderada de llamar un hijo o nuevos hijos a la existencia. La definía con precisión Carlo Caffarra al decir: "la procreación responsable es el acto de la voluntad con el cual dos esposos deciden poner las condiciones de la concepción de una nueva persona

---

[107] Margaret Sanger, feminista norteamericana, fue quien, en 1921, acuño el slogan "Control de la natalidad para crear una raza pura".

[108] PABLO VI, *Humanae vitae,* n. 10.

humana, en un contexto en el cual prudentemente se presume que la persona del (posible) concebido será respetada en sus derechos fundamentales". La procreación responsable no es un concepto negativo, sino positivo. Él mismo define desde el punto de vista ético cómo debe moverse la voluntad humana hacia esta bondad presente en el acto sexual. Sólo como consecuencia señala cuándo no procrear. La voluntad de un bien no tiene necesidad de ninguna justificación extrínseca al hecho puro y simple de querer un bien. Es necesario justificar lo contrario: no querer un bien. Se deben tener razones para no procrear, no para procrear. Los esposos deben retener que son llamados a procrear, mientras no se demuestre lo contrario[109].

Ésta es precisamente la doctrina constante del Magisterio. *Gaudium et spes* señala que los cónyuges "con responsabilidad humana y cristiana cumplirán su misión con dócil reverencia hacia Dios". Y explica luego que esto quiere decir que: "De común acuerdo y común esfuerzo, se formarán un juicio recto, atendiendo tanto a su propio bien personal como al bien de los hijos, ya nacidos o todavía por venir, discerniendo las circunstancias de los tiempos y del estado de vida, tanto materiales como espirituales; y, finalmente, teniendo en cuenta el bien de la comunidad familiar, de la sociedad temporal y de la propia Iglesia"[110].

Cuando se dice que los esposos han de practicar la paternidad responsable según un juicio recto, significa que han de hacerlo con la conciencia formada y dócil a la verdad (tanto natural como revelada por Dios y expresada en el Magisterio de la Iglesia)[111]. "En su modo de obrar, los esposos cristianos sean conscientes de que no pueden proceder a su antojo, sino que siempre deben regirse por la conciencia, la cual ha de ajustarse a la ley divina misma, dóciles al Magisterio de la Iglesia, que interpreta auténticamente esa ley a la luz del Evangelio"[112].

Por este motivo, el Papa Juan Pablo II afirmaba categóricamente: "Hay que excluir aquí que pueda ser calificada de responsable, desde el punto de vista ético, la procreación en la que se recurre a la anticoncepción para realizar la regulación de la natalidad. El verdadero concepto de paternidad y maternidad responsables, por el contrario, está unido a la regulación de la natalidad honesta desde el punto de vista ético"[113].

En la encíclica *Humanae vitae* la paternidad responsable implica diversos elementos (Cfr. n. 10):

---

[109] C. CAFFARRA, *Ética generale della sessualita,* Milano (1992), pp. 53-54.
[110] Cfr. CONCILIO VATICANO II, *Gaudium et spes,* n. 50.
[111] Cfr. ENCICLICA, *Veritatis splendor,* nn. 62 y 64.
[112] Cfr. CONCILIO VATICANO II, *Gaudium et spes,* n. 50.
[113] JUAN PABLO II, *LÒsservatore Romano,* 2/09/1984, n. 1.

- Ante todo, el conocimiento y respeto de los procesos biológicos de la procreación; es decir, descubrir con la inteligencia las leyes biológicas que forman parte de la persona y que se ordenan a dar la vida. Los esposos deben esforzarse por conocer su íntima naturaleza.
- Comporta el dominio de la inteligencia y de la voluntad sobre las pasiones y las tendencias del instinto en lo que tiene que ver con la vida sexual.
- Por último, atendiendo a las palabras textuales de la encíclica, "ya sea... la deliberación ponderada y generosa de tener una familia numerosa".

Juan Pablo II señaló: "en la concepción de la paternidad responsable está contenida la disposición no solamente a evitar un nuevo nacimiento, sino también a hacer crecer la familia según los criterios de la prudencia"[114].

En cuanto al número de hijos, decía Juan Pablo II: "Es preciso que se establezca este nivel justo teniendo en cuenta no sólo el bien de la propia familia y estado de salud y posibilidades de los mismos cónyuges, sino también el bien de la sociedad a que pertenecen, de la Iglesia y hasta de la humanidad entera. La encíclica *Humanae vitae* presenta la paternidad responsable como expresión de un alto valor ético, supone también la disponibilidad a acoger una prole más numerosa"[115].

El amor conyugal debe ser libre y responsable, exige una paternidad responsable. Del amor conyugal nace la paternidad. La paternidad responsable comporta una vinculación profunda con el orden moral objetivo: que los cónyuges reconozcan los deberes con Dios, con la familia y la sociedad. Los cónyuges deben conformar su conducta a la intensión creadora de Dios. El Papa quiere transmitir desde un fondo de filosofía paterna la fe y el amor conyugal.

1º) "En relación con los procesos biológicos", paternidad responsable significa "conocimiento y respeto de sus funciones", conocimiento de los procesos generativos, los cuales, precisamente en cuanto fértiles, forman parte esencial de la persona (Cfr. SANTO TOMAS DE AQUINO, *Sum. Teol.*, I-II, q. 94, a.2) y tiene una densidad metafísica y moral esencialmente diversa a otros procesos biológicos. Se trata de una dimensión de la persona humana y no sólo de un proceso físico-biológico, en virtud de la unión sustancial existente entre el alma y el cuerpo.

2º) "En relación con las tendencias del instinto y las pasiones", paternidad responsable significa "el dominio necesario que sobre ellas ha de ejercer la voluntad y la razón". Autodominio virtuoso que perfecciona a cada uno de los esposos y no destruye su

---

[114] Cfr. JUAN PABLO II, *LÒsservatore Romano,* 5/08/1984, p. 3, n. 5.
[115] Cfr. JUAN PABLO II, *LÒsservatore Romano,* 9/09/1984, p. 3, n. 3.

personalidad como ocurre con el dominio técnico ofrecido por los medios artificiales de regulación. Es un profundo secreto que los hombres desvelan sólo con un particular permiso de Dios, ya que este "dominio, por su profundidad y misterio, está reservado de manera muy particular a Dios" (HILDEBRAND, D. VON, Pureza y virginidad, Desclée, Bilbao 1963, p. 62).

3º) "En relación con las condiciones físicas, económicas, psicológicas y sociales", la paternidad responsable se pone en práctica, "bien con la deliberación ponderada y generosa de tener familia numerosa, bien con la decisión de evitar un nuevo nacimiento por un tiempo o un tiempo indefinido". Pero para que la decisión en común de los esposos y ante Dios sea lícita, los esposos deben referir una decisión a criterios objetivos de moralidad, respetando la sabiduría Creadora divina, manifestada en la naturaleza del matrimonio y de sus actos sexuales.

2.3. *La norma moral de la "Encíclica Humanae vitae" sobre el acto matrimonial*

Varios años después de la publicación de la encíclica de Pablo VI, Juan Pablo II decía: "el principio de la moral conyugal que la Iglesia enseña es el criterio de la fidelidad al plan divino"[116]. La encíclica *Humanae vitae* se limita, en tal sentido, a exponer el plan de Dios sobre el hombre y la conyugalidad; este plan revela en qué consiste el verdadero bien del hombre, es decir, el único itinerario posible hacia su perfección humana y su felicidad terrena como individuo y como familia.

Ahora bien, ¿cuál es ese plan divino? Podemos resumirlo diciendo: Dios ha puesto una estructura fundamental en el acto conyugal.

Esa estructura consiste en dos aspectos del acto conyugal (a saber, el significado unitivo y el significado procreador) los cuales: 1º. De modo natural se dan juntos, 2º. Se salvaguardan juntos y 3º. Se realizan plenamente mientras se mantengan juntos (precisamente uno a través del otro). De ahí que Pablo VI hable de una "inseparable conexión": "la inseparable conexión que Dios ha querido, y que el hombre no puede romper por propia iniciativa, entre los dos significados del acto conyugal: el significado unitivo y el significado procreador"[117].

Este es el principio del documento, que manifiesta la dimensión positiva de la moral matrimonial propuesta por la *Humanae vitae*, y su dimensión normativa.

---

[116] Cfr. JUAN PABLO II, *LÒsservatore Romano,* 12/10/1984, p. 3. Se refiere explícitamente a la doctrina del Concilio Vaticano II y a Pablo VI.

[117] Cfr. Cfr. PABLO VI, *Humanae vitae,* n. 12.

a) La enseñanza positiva de Humanae vitae

La doctrina positiva de la encíclica, es decir, su instrucción sobre la estructura íntima de la sexualidad conyugal, está expresada en las siguientes palabras: "el acto conyugal, por su íntima estructura, mientras une profundamente a los esposos, los hace aptos para la generación de nuevas vidas, según las leyes inscritas en el ser mismo del hombre y de la mujer. Salvaguardando ambos aspectos esenciales, unitivo y procreador, el acto conyugal conserva íntegro el sentido de amor mutuo y verdadero y su ordenación a la altísima vocación del hombre a la paternidad"[118].

Creo que este texto contiene el núcleo central de la doctrina católica sobre la sexualidad conyugal.

b) El aspecto normativo de Humanae vitae

La norma que se deriva de esta enseñanza es formulada por Pablo VI de dos maneras: una positiva (cómo debe ser realizado el acto conyugal) y otra negativa (cómo no debe ser realizado).

- De modo positivo (encíclica *Humanae vitae*, n. 11): "todo acto matrimonial debe permanecer por sí mismo destinado a procrear la vida humana", es decir, debe mantener su destinación natural: abierto a la vida.
- De modo negativo (encíclica *Humanae vitae,* n. 12): "No le es licito al hombre romper por su propia iniciativa al nexo indisoluble y establecido por Dios, entre el significado de la unidad y el significado de la procreación que se contienen conjuntamente en el acto conyugal".

¿Qué quiere decir esto? ¿Quizá que siempre que se realiza un acto sexual conyugal hay que buscar un hijo? No. Significa simplemente que en cada acto sexual completo los esposos deben tener presentes los dos aspectos:

- El amor, la donación, la entrega al otro.
- El grado de procreatividad que la naturaleza humana posee en ese momento. De hecho la naturaleza humana no posee siempre la misma capacidad procreativa. Dice Pablo VI: "Dios ha dispuesto con sabiduría leyes y ritmos naturales de fecundidad que por sí mismos distancian los

[118] Cfr. PABLO VI, *Humanae vitae,* n. 12.

nacimientos"[119]. No todos los actos sexuales son actualmente fecundos, pero si deben estar abiertos a la potencial fecundidad.

2.4. *Los métodos naturales*

"Dios ha dispuesto con sabiduría leyes y ritmos naturales de fecundidad que por sí mismos distancian los nacimientos"[120]; "por consiguiente, si para espaciar los nacimientos existen serios motivos, derivados de las condiciones físicas o psicológicas de los cónyuges o de circunstancias exteriores, la Iglesia enseña que entonces es lícito tener en cuenta los ritmos naturales inmanentes a las funciones generadoras para usar del matrimonio sólo en los periodos infecundos y así regular la natalidad sin ofender los principios morales que acabamos de recordar"[121]. Años más tarde escribía Juan Pablo II: "Es importante... presentar correctamente el método al que alude dicho documento (encíclica *Humanae vitae*, n. 16); es importante sobre todo profundizar en la dimensión ética, en cuyo ámbito el método por ser natural asume el significado de método honesto moralmente recto"[122].

a) El fundamento de los métodos naturales

De un modo parcial, podríamos decir que los métodos naturales son simplemente "técnicas de observación"[123], es decir, consisten en la capacidad de: la

- Determinar con precisión práctica los días fértiles y los días infértiles del ciclo femenino de la fertilidad.
- Dominar el propio instinto, en el caso de que se pretenda evitar una nueva concepción (continencia, o mejor dicho castidad[124], mediante la abstinencia de la cópula sexual durante los días fértiles.

---

[119] Cfr. PABLO VI, *Humanae vitae*, n. 11.

[120] Cfr. PABLO VI, *Humanae vitae*, n. 11.

[121] Cfr. PABLO VI, *Humanae vitae*, n. 16.

[122] JUAN PABLO II, LÒSSERVATORE ROMANO, 5/O9/1984, p. 3, n. 5.

[123] Esta segunda expresión es de Benedicto XVI: "Los métodos de observación, que permiten a la pareja determinar los periodos de fertilidad, les consienten administrar cuanto el creador ha sabiamente inscrito en la naturaleza humana, sin turbar el significado integro de la donación sexual. De esta forma los cónyuges, respetando la verdad plena de su amor, podrán modular su expresión en conformidad a estos ritmos, sin quitar nada a la totalidad del don de sí mismos que expresan la unión de la carne" (Mensaje a los participantes del congreso Internacional *"Humanae vitae: Actualidad y profecía de una encíclica"*, 2/10/2008).

[124] Si bien al hablar de los métodos naturales usamos constantemente la expresión "continencia periódica", o "continencia" a secas, es muy importante aclarar que nos referimos no sólo al hábito de la continencia sino más propiamente a la virtud de la castidad de la cual la continencia es un habito auxiliar. La palabra continencia indica un freno, en cuanto que uno se abstiene de obedecer a las pasiones (Cfr. Santo

En su aspecto de observación se limitan a identificar los días fértiles (y entre ellos los de máxima y mínima fertilidad) y los infértiles. "Los métodos naturales, señala M. Rutland, son métodos de regulación de un hecho normal y fisiológico como es la fertilidad. Son por tanto sistemas diagnósticos de la ovulación que mejoran el autoconocimiento y la comprensión de los propios ritmos biológicos. Este mejor conocimiento puede utilizarse según las circunstancias de las personas que lo practican para posponer un embarazo o para intentar conseguirlo[125].

Precisamente la diferencia entre los diversos métodos naturales consiste en los distintos procedimientos para lograr una comprobación más o menos certera: "La mujer es infértil la mayor parte del tiempo, escribe el doctor John Billings. La fase fértil está determinada por el momento de la ovulación, que se produce una a dos semanas antes del siguiente periodo menstrual. Aun cuando la mujer puede ovular más de una vez en cualquier ciclo menstrual, todas estas ovulaciones ocurrirán en un solo día, por lo que existe únicamente un día de ovulación en cada ciclo"[126]. Y más adelante precisa: "Los métodos naturales para la regulación de la natalidad se basan en el hecho biológico de que, a lo largo del período reproductivo de sus vidas, las mujeres tienen días infértiles, durante los cuales la concepción no es posible. De hecho, estos días infértiles superan en número a los fértiles, y esto sigue siendo verdad aun cuando se considere un margen para cubrir el tiempo de supervivencia de las células espermáticas del marido"[127].

De su parte, la "Organización Mundial de la Salud" (OMS) define los métodos naturales como aquellos basados en el autodiagnóstico de los días fértiles e infértiles del ciclo y en la abstinencia periódica de relaciones sexuales en las fases de fertilidad, cuando lo que se busca es posponer un embarazo[128]. Y advierte que para aplicar con éxito los métodos naturales:

- Es imprescindible recibir educación sobre comportamiento sexual humano y sobre fertilidad.
- Se requiere comunicación y cooperación continuas entre el hombre y la mujer.

Tomás, *Suma Teológica,* II-II, 155,2). Es el hábito que "hace que el hombre resista a los malos deseos que se dan en él con fuerza".

[125] R. Rutland, L.F., Trullols, *Manual básico de planificación familiar natural,* (1997), 11. "Llamamos planificación familiar natural a aquel estilo de vida que incorpora a la vida conyugal el respeto, la responsabilidad común y el autodominio, conducentes a adaptar el ejercicio de la sexualidad masculina a los biorritmos de la mujer".

[126] JOHN Billings, *Fundamento del método de la ovulación,* Bs. As. (1989), p. 11.

[127] JOHN Billings, *Fundamento del método de la ovulación,* Bs. As. (1989), p. 20.

[128] Notemos de paso la visión negativa de la OMS que no presenta los métodos naturales también en su capacidad de ser métodos para buscar un embarazo.

- La actitud motivadora de la persona instructora influye en la aceptación y uso acertado de la Planificación Familiar Natural[129].

Este hecho singular está dentro del plan divino y, por tanto, el interiorizarse con él siempre es un bien, aunque no haya pretensiones de aprovecharse del mismo.

Debo añadir también que en el Magisterio se habla siempre en plural, de "métodos", evitando reducir la expresión a alguno de ellos en particular. Lo explica Juan Pablo II: "Debemos estar convencidos de que es providencial que existan diversos métodos naturales de planificación familiar, que respondan a las necesidades de las diferentes parejas. La Iglesia no se inclina con exclusividad por uno de los métodos naturales, pero insiste en que todos pueden ser aprovechables y respetados. La razón última de cualquier método natural no es simplemente su efectividad o fiabilidad biológicas, sino que esté de acuerdo con una visión cristiana de la sexualidad como expresiva de amor conyugal. Pues la sexualidad refleja el ser más íntimo de la persona humana como tal, y se realiza de un modo verdaderamente humano sólo si forma parte integral del amor por lo que un hombre y una mujer se comprometen mutua y totalmente hasta la muerte"[130].

Hay pues diversos métodos, muchos de los cuales no exigen gastos económicos, como el método Billings, basado en la ovulación[131]; el de temperatura Basal, que se basa en la mediación de la temperatura provocada en la mujer por la progesterona[132]; el Sintotérmico, que es una combinación de varios métodos[133].

---

[129] M. Rutland, *Manual básico*, op. cit., 12.

[130] JUAN PABLO II, *Al Congreso Internacional,* LÒsservatore Romano, 2/12/1984, p. 9, n. 6.

[131] El Método Billings se basa en la determinación, por parte de la propia mujer, de las fases fértiles o infértiles de su ciclo menstrual, reconocidas por la observación diaria del moco cervical recogido a la entrada de la vagina. Cada día la mujer lleva un grafico donde anota los cambios que observa en el moco cervical. Es un método muy seguro pero debe enseñarse por personal calificado (Cfr. Dra. Morales, María Concepción,*Métodos naturales de planificación de la familia,* www.vidahumana.org/vidafam/nfp/naturales.html). Su efectividad, según la *American Journal of Obstretics and Gynecology,* es del 96.6% (1991).

[132] El Método de la Temperatura Basal se funda en el aumento de la temperatura que la progesterona provoca en la mujer. Esta hormona comienza a circular en la segunda fase del ciclo menstrual o sea, una vez que el folículo se ha convertido en el cuerpo lúteo, después de producirse la ovulación. Cuando a una mujer le sube la temperatura es señal que ha ovulado. Regularmente la temperatura sube 2 décimas de grado centígrado. Para llevar el registro hay que tomar todos los días la temperatura basal con el mismo termómetro, en las mismas condiciones y a la misma hora, después de al menos dos horas de reposo. Para posponer el embarazo por el método de la Temperatura Basal debe guardarse abstinencia sexual desde la menstruación hasta tres días después de que se produce el aumento de la temperatura (2gC) por encima de los seis días anteriores, es la llamada regla de 3/6. Este método tiene una seguridad del 99% pero requiere una abstinencia muy prolongada (Cfr. Dra. Morales, María Concepción, loc. Cit).

[133] El Sintotérmico combina el cálculo pre-ovular de Ogino, los cambios del moco cervical del Método de Billins, el registro de la temperatura Basal, la autopalpación del cuello y el dolor intermenstrual

En cuanto a su eficacia, es necesario decir que según estudios realizados por la Organización Mundial de la Salud, los métodos naturales de planificación familiar han demostrado poseer una amplia superioridad sobre los métodos artificiales (anticonceptivos-abortivos) en diversos aspectos[134]. En dichos estudios se demostró que eran fáciles de aprender y de aplicar por la mujer cualquiera fuese su nivel cultural (ha quedado claro que pueden ser aprendidos y aplicados con éxito incluso hasta por mujeres carentes de instrucción mínima), que eran aceptados con preferencia a los métodos artificiales y, lo más importante, se revelaron sumamente eficaces en evitar los embarazos. A todas estas ventajas debe agregarse que por su naturaleza respetan la integridad y dignidad de la persona humana sin lesionar sus derechos.

b) ***Ordenados a buscar un embarazo***

"Este conocimiento ayuda a las parejas a lograr el embarazo o a evitarlo", decía Juan Pablo II[135].

Cuando los esposos realizan su acto conyugal después de haber reconocido las indicaciones de posible fertilidad, están usando los métodos naturales para lograr el embarazo y no hacen otra cosa que ejercer el derecho de procrear del que gozan por su legítimo matrimonio.

Escribe el Dr. Billings al exponer el método de la ovulación: "Cuando una pareja ha tenido dificultades para lograr el embarazo, lo primero y más importante es enseñarles a comprender el método de la ovulación. La causa más común de su aparente infertilidad puede ser que no se haya producido el acto sexual en un día en que la concepción era posible, hecho muy simple que a menudo es pasado por alto, y cuyo conocimiento podría evitar, casi siempre, investigaciones innecesarias.

Moralmente este uso de los métodos no ofrece ninguna dificultad ética, pues el buscar positivamente el bien de un nuevo hijo mediante los actos a los que los habilita el contrato matrimonial no necesita más justificación que el mismo deseo de los esposos.

---

de la ovulación, pudiéndose utilizar la combinación de todos estos métodos o solo algunos de ellos. Cuando se desea posponer el embarazo se toma para comenzar la abstinencia el primero de los signos o cálculos de fertilidad que aparezca y se termina la abstinencia el último día del último método (Cfr. Dra. Morales, María Concepción, loc. cit.). Su efectividad, según la *Americam Journal of Obstrectics and Gynecology*, es del 97.7% (1991), y la Organización Mundial para la Salud le atribuía en 1989, un 97.2%.

[134] para cuanto sigue, además de las fuentes ya citadas se puede ver: J. de Irala, E. Gómez Gracia y J. Fernández- Crehuet (Universidad de Navarra y de Málaga), *La eficacia de la regulación natural de la fertilidad: nuevas perspectivas,* Cuadernos de Bioética, Nº9,1º 92,35-41 (Publicado también en: "Atención Primaria", Vol. 8, Septiembre 1991).

[135] JUAN PABLO II, *A un grupo de estudio organizado por la Academia pontificia de las ciencias,* L`Ossevatore Romano, 9/12/1994, p. 8, n. 2.

c) El uso lícito para evitar o posponer un embarazo

Consiste en la abstención de los actos conyugales, por motivos graves o serios, durante los días fértiles, reservando los actos sexuales para los días infértiles.

- El fin es bueno: posponer la venida al mundo de una criatura por motivos serios.
- El objeto moral de los métodos naturales: se llama objeto moral de un acto humano al comportamiento que elige la voluntad[136]. En el caso de los métodos naturales para regular la natalidad, los cónyuges eligen, es decir, deciden recurrir a un acto que en nada contradice la correcta visión antropológica de la persona, pues deciden abstenerse periódicamente de realizar el acto conyugal. Nada puede objetarse desde esta perspectiva, pues los esposos no están obligados a tener relaciones sexuales en todo momento. Por motivos de paternidad responsable deciden *modificar* su comportamiento sexual, absteniéndose.

d) El abuso de los métodos naturales

Ya hemos visto que la base de los métodos naturales es su capacidad de determinar los periodos de fertilidad e infertilidad de la mujer. Una acción neutra en sí misma.

Sin embargo, estos métodos no excluyen que puedan ser usados con una mentalidad utilitarista y, por tanto, anticonceptiva. El Papa Juan Pablo II lo afirmó con claridad: "En el modo corriente de pensar acontece con frecuencia que el "método", desvinculado de la dimensión ética que le es propia, se pone en acto de modo meramente funcional y hasta utilitario. Separando el método natural de la dimensión ética, se deja percibir la diferencia existente entre éste y otros métodos (métodos artificiales), y se llega a hablar de él como si se tratase sólo de una forma diversa de anticoncepción"[137].

Reconocía este mal uso Bernard Häring, a pesar de que luego se enfrentaría con la doctrina de *Humanae vitae*: "Si la continencia periódica se practica simplemente porque no se quiere colaborar con Dios en la propagación de la vida ni al acrecentamiento del cuerpo místico de Cristo, o porque se siente horror al sacrificio, o porque se tiene a los hijos en menosprecio, o porque falta confianza en la divina providencia, o se juzga que la vida no merece ser vivida, la escrupulosidad para contar los días sin peligro embargará el

---

[136] "El objeto elegido explica el Catecismo – es un bien hacia el cual tiende deliberadamente la voluntad. Es la materia de un acto humano. El objeto elegido especifica moralmente el acto del querer, según que la razón lo reconozca y lo juzgue conforme o no conforme al bien verdadero" (*Catecismo de la Iglesia Católica,* n. 1751).

[137] JUAN PABLO II, L`Osservatore Romano, 9/09/1984, p. 3,n. 4.

alma, y paulatinamente esa preocupación la llevaría a considerar a los hijos como una terrible desgracia. Puede decirse que ésta es la enfermedad mental característica de nuestra época"[138].

2.5. *Los métodos artificiales*

Los métodos artificiales (anticonceptivos o contraceptivos) son esencialmente diferentes de los métodos naturales[139]. Por métodos artificiales nos referimos a los que Pablo VI definió en la encíclica *Humanae vitae* (n. 14): (a) "interrupción directa del proceso generador ya iniciado" (por tanto, todo tipo de instrumento o mecanismo que impida la anidación del óvulo fecundado o que apunte a su destrucción antes o después de la anidación[140]; (b) "el aborto directamente querido y procurado".

La diferencia entre los métodos naturales y los artificiales es de naturaleza ética, ha dicho Juan Pablo II[141]. Me referiré primero al acto contraceptivo y luego a la natalidad anticonceptiva.

---

[138] Häring, B., *La ley de Cristo*, Barcelona (1973), III, p. 361. El desorden de esta actitud se ve claro en el hecho de que si una pareja restringiera el derecho matrimonial sobre los actos sexuales sólo a los periodos infecundos (o sea, que no sólo se decide usar de hecho de la sexualidad en los periodos infecundos sino que sólo se da el derecho a ejercerla en esos periodos, recortando así el contrato matrimonial), su matrimonio sería nulo. Lo afirmó expresamente Pío XII: " Si ya en la celebración del matrimonio, al menos uno de los cónyuges hubiese tenido la intensión de restringir a los tiempos de esterilidad el mismo derecho matrimonial y no sólo su uso, de modo que en los otros días el otro cónyuge no tendría ni siquiera el derecho de exigir el acto, esto implicaría un defecto esencial del consentimiento matrimonial, que llevaría consigo la invalidez del matrimonio mismo, porque el derecho que deriva de un contrato matrimonial es un derecho permanente, ininterrumpido y no sólo intermitente, de cada uno de los cónyuges con respecto al otro" (Pio XII, *Discurso a los congresistas de la Unión Italiana de Obstetricia,* 29/10/1951).

[139] La descripción y mecanismo de los distintos métodos anticonceptivos la he tratado en : Miguel Fuentes, *Manual de Bioética*, San Rafael (2006), 81-89 (anticoncepción hormonal, dispositivos intrauterinos y métodos de barrera), 169-190 (sobre la esterilización), y 150-151 (métodos que actúan antes de la implantación del embrión, como las píldoras microabortivas).

[140] En este sentido hay que señalar que los dispositivos intrauterinos y prácticamente todas las píldoras llamadas anticonceptivas tienen hoy ese efecto, al menos como alternativo (es decir en caso de fallar otras instancias, como impedir la ovulación o perjudicar la capacidad fecundante de los espermatozoides); Cfr. Al respecto, Fuentes, M., Manual de bioética, San Rafael (2006), p. 150.

[141] "Entre ambos casos existe una diferencia esencial" (encíclica *Humanae vitae*, n. 16), esto es, una diferencia de naturaleza ética: "en el primero, los cónyuges se sirven legítimamente de una disposición natural; en el segundo, impide el desarrollo de los procesos naturales" (H.V, n. 16). De ello se derivan dos acciones con calificación ética diversa, más aún, opuesta: la regulación natural de la fertilidad es moralmente recta, la contracepción no es moralmente recta. Esta diferencia esencial entre las dos acciones (modos de actuar) concierne a su intrínseca calificación ética, si bien mi predecesor Pablo VI afirma que "tanto en uno como en otro caso, los cónyuges están de acuerdo en la voluntad positiva de evitar la prole por razones plausibles", e incluso escribe: "buscando la seguridad de que no se seguirá" (H.V. n. 16).

a) El acto contraceptivo

Todo acto contraceptivo disocia los dos significados del acto conyugal, destruyendo el significado procreativo y desfigurando el significado unitivo.

a.1. Destrucción del aspecto procreativo

El acto antiprocreativo consiste propiamente en la positiva y deliberada destrucción de la fertilidad presente en un acto sexual de suyo fértil.

Hay en él, dice Mons. Caffarra[142], una doble decisión voluntaria: la libre decisión de realizar un acto sexual y la libre decisión de destruir la fertilidad inherente en él. Es importante notar inmediatamente que estos dos actos de voluntad son esencialmente distintos en razón de su objeto (es decir, "aquello que es querido"):

- La primera decisión elige (es decir, tiene por objeto) el acto de la unión sexual, que es considerado un bien para la persona.
- La segunda elige (es decir, tiene por objeto) la acción de destruir la fertilidad presente en el acto sexual por considerarla un mal para la persona. Este segundo acto de la voluntad está constituido por tres momentos: un juicio por el cual los esposos juzgan que el don de la fertilidad es un mal, al menos en el momento presente; la decisión de la voluntad de destruir la posibilidad de concebir; y la ejecución.

a.2. ¿Aspecto anti-unitivo?

Decía Pablo VI, comentando la norma moral de *Humanae vitae*, que ella "prohíbe el uso de medios que intencionalmente impiden la procreación, y que degradan así la pureza del amor"[143]. La anticoncepción atenta contra el aspecto unitivo o amoroso/ afectivo del acto conyugal, en la medida en que lo desnaturaliza. Así lo sostenía, por ejemplo. Mons. Caffarra, basándose en el hecho de que la anticoncepción atenta contra una dimensión de la persona humana y, en tal sentido, afecta a la calidad de la donación que hace un cónyuge al otro, rebajando el don mismo.

La contracepción es un acto anti-unitivo, pues consiste en la destrucción de la fertilidad inherente al acto sexual. La fertilidad es una dimensión de la persona. Es la persona la que es fértil, y no simplemente su cuerpo. El acto de la unidad sexual expresa una totalidad del don. En el mismo momento en que se dice totalidad, se excluye positivamente algo del don de sí al otro. La contracepción, por tanto, no es sólo anti-

[142] Sigo para cuanto sigue: Caffarra, C., *Etica generale della sessualita*, op. cit., pp. 71-76.
[143] Insegnamenti Pablo VI, vol. VI (1968), 1098-1099.

procreativa, sino también esencialmente anti-unitiva[144]. En el fondo es una mentira, pues no se entrega la potencial maternidad o paternidad.

Al cumplirse 30 años de la encíclica *Humanae vitae*, señalaba lúcidamente Mons. Charles Chaput en una carta pastoral: "la anticoncepción no sólo niega la fertilidad y ataca la procreación, necesariamente daña también la unidad. Es el equivalente a que los esposos se digan: Te doy todo lo que soy, excepto mi fertilidad". Este retener algo de uno mismo inevitablemente trabaja para aislar y dividir a los esposos, deshaciendo la amistad sagrada entre ellos, tal vez no inmediata y visiblemente, sino profundamente, y a la larga muchas veces de manera fatal para el matrimonio"[145].

a.3. El mal esencial del acto anticonceptivo

Juan Pablo II habló del "mal esencial del acto contraceptivo"[146]. Podríamos sintetizar los diversos aspectos de esta malicia señalando las distintas relaciones abusivas que la anticoncepción establece:

- Respecto de Dios, esta actitud convierte a los cónyuges en "árbitros del designio divino"[147]. El anticoncepcionismo separa los dos "significados que Dios creador ha impreso en el ser del hombre y de la mujer y en el dinamismo de su comunión sexual".
- Respecto de la misma sexualidad, decía el Papa Juan Pablo II que la anticoncepción la "manipula" y "envilece". Tergiversa la capacidad expresiva natural del cuerpo, "imponiéndole un lenguaje objetivamente contradictorio, es decir, el de no darse al otro totalmente"[148]. En tal sentido falsifica la verdad intrínseca del amor conyugal.
- Respecto a los posibles hijos que se pretende "evitar", "se produce el rechazo positivo de la apertura a la vida"[149].
- Finalmente, todo cónyuge que practica la anticoncepción también rebaja y compromete su propia dignidad, pues, sigue siempre diciendo Juan Pablo II, en el comportamiento anticonceptivo, el ser humano renuncia a ejercer el dominio de sus pasiones mediante un acto de virtud, aceptando, a cambio, controlar su potencial fecundidad con los mismos criterios que el mundo de

[144] C. CAFFARRA, *Etica generale della sessualità,* op.cit., p. 76.
[145] Mons. Charles Cheput, Arzobispo de Denver, *Carta Pastoral*, 22/07/1998, n. 12.
[146] Cfr. JUAN PABLO II, L`Osservatore Romano, 26/08/1984, p. 3, n. 7.
[147] Cfr. JUAN PABLO II, Exh. Apost.*Familiaris consortio,* n. 32.
[148] Cfr. JUAN PABLO II, Exh. Apost. *Familiaris consortio,* n. 32.
[149] Cfr. JUAN PABLO II, Exh. Apost. *Familiaris consortio,* n. 32.

la técnica aplica a las cosas infrahumanas, convirtiéndose a sí mismo en "un objeto de manipulación"[150].

b) La mentalidad anticoncepcionista

Juan Pablo II ha denunciado en *Familiaris consortio* algunas actitudes ideológicas que comprometen, desfiguran y tergiversan el amor conyugal, la transmisión de la vida y el concepto de la vida humana, porque inciden profundamente en la visión que se tiene de la persona humana[151].

Se puede resumir en tres principales extravíos las raíces culturales del anticoncepcionismo.

Ante todo en la "mentalidad escéptica", que se caracteriza por la incertidumbre ante la vida: "algunos se preguntan si es un bien vivir o si sería mejor no haber nacido; dudan de si es lícito llamar a otros a la vida, los cuales quizás maldecirán su existencia en un mundo cruel, cuyos terrores no son siquiera previsibles"[152].

Luego tenemos la "mentalidad autista", autorreferencial y manipuladora, que lleva a imponer a los demás una política anticonceptiva para que no perjudiquen sus intereses personales[153].

Por último la "mentalidad consumista", que embota la mente en una loca carrera hacia el hartazgo material, llegando a hacer imposible comprender la riqueza espiritual de una nueva vida humana que trasciende lo puramente biológico y material y que, consecuentemente, no puede ser juzgada ni entendida a partir de estos solos criterios[154].

Estos enfoques de la vida humana y, por extensión, de la persona, de sus bienes, de la familia, de la conyugalidad, adquieren una incidencia particular en nuestros días, a causa del bombardeo que nos llega por algunos medios de comunicación social[155], incluso

---

[150] JUAN PABLO II, L`Osservatore Romano, 26/08/1984,p. 3,n. 1.

[151] Ha hablado de "perspectivas y propuestas seductoras, pero que en diversa medida comprometen la verdad y la dignidad de la persona humana" (*Familiaris consortio, n.* 4)

[152] Cfr. JUAN PABLO II, Exh. Apost.*Familiaris consortio,* n. 30.

[153] Decía Juan Pablo II: "Otros piensan que son los únicos destinatarios de las ventajas de la técnica y excluyen a los demás, a los cuales imponen medios anticonceptivos o métodos aún peores" (*Familiaris consortio*, n. 30)

[154] "Otros todavía cautivos como son de la mentalidad consumista y con la única preocupación de un continuo aumento de bienes materiales, acaban por no comprender y por consiguiente rechazar la riqueza espiritual de una nueva vida humana" (*Familiaris consortio,* n. 30).

[155] "Se trata de un ofrecimiento sostenido con frecuencia por una potente y capilar organización de los medios de comunicación social que ponen sutilmente en peligro la libertad y la capacidad de juzgar con objetividad" (*Familiaris consortio, n.* 4.).

en sociedades tradicionalmente iluminadas por principios cristianos. Se han ido imponiendo así auténticos antivalores, que son "signos de preocupante degradación de algunos valores fundamentales"[156], como una errónea concepción de la independencia de los cónyuges entre sí que a veces nos presenta matrimonios donde cada uno de los esposos vive su vida con preocupante autonomía, las ambiguas relaciones entre padres e hijos, las dificultades para transmitir los valores fundamentales dentro de la familia, el divorcio, el aborto, la esterilización y, por supuesto, la "instauración de una verdadera y propia mentalidad anticoncepcional".

En la base de todos estos fenómenos negativos, ha señalado Juan Pablo II, late "una corrupción de la idea y de la experiencia de la libertad, concebida no como capacidad de realizar la verdad del proyecto de Dios sobre el matrimonio y la familia, sino como una fuerza autónoma de autoafirmación no raramente contra los demás, en orden al propio bienestar egoísta"[157]. Pero en realidad "la razón última de estas mentalidades es la ausencia, en el corazón de los hombres, de Dios cuyo amor solo es más fuerte que todos los posibles miedos del mundo y los puede vencer"[158].

c) ***El Magisterio de la Iglesia y la moral conyugal***

La doctrina propuesta por Pablo VI en *Humanae vitae* no ha sido siempre aceptada como corresponde, como ya vimos. Es más, ha sido quizá una de las enseñanzas magisteriales más contestadas en la historia de la Iglesia.

De hecho la intervención del Papa en cuestiones relativas a la moral natural ha suscitado numerosas cuestiones: ¿puede el Magisterio enseñar legítimamente sobre temas de moral natural? Y, suponiendo que pueda enseñar, ¿qué valor vinculante tienen sus enseñanzas para la conciencia de los fieles, es decir, hasta qué punto está el cristiano "obligado" a obedecerlo? ¿Debe tomar tales enseñanzas como un mandato irrecusable, o como una "orientación", como una "opinión más o menos fuertemente fundada"? Más aún, cuando enseña, ¿puede proponer su enseñanza como infalible o puede equivocarse?

Algunos teólogos y fieles se resisten a reconocer al Magisterio el derecho de enseñar normas universales aduciendo la razón de que no es posible que existan normas de carácter universal. De este modo, dicen, no se podría catalogar ningún comportamiento como malo "siempre y en todo lugar", porque la malicia o bondad dependerían de elementos circunstanciales: de situaciones concretas, de presiones, de las intenciones del sujeto que obra, etc. Y como no podemos conocer de antemano todas las

---

[156] Cfr. JUAN PABLO II, Exhor. Apost. *Familiaris consortio,* n. 6.
[157] Cfr. JUAN PABLO II, Exh. Apost. *Familiaris consortio,* n. 6.
[158] Cfr. JUAN PABLO II, Exh. Apost. *Familiaris consortio,* n. 30.

circunstancias que pueden llegar a presentarse en la vida, ni tampoco descartar anticipadamente que alguna vez se presenta una situación en que tal acto quede justificado, se sigue que es imposible hacer juicios universales y definitivos[159].

Otros propusieron, en cambio, que incluso cuando el magisterio indica o prohíbe ciertos comportamientos, sus enseñanzas sólo deben considerarse como opiniones autorizadas o como buenos consejos, porque el Magisterio moral de la Iglesia no seria infalible, y podría, por tanto, cambiar en el futuro[160].

Finalmente, otros afirmaron que las indicaciones del Magisterio no son más que orientaciones generales, pues la norma última del obrar sería la conciencia de cada persona. Así, obramos correctamente en la medida en que sigamos nuestra conciencia, aunque ésta dictamine algo contrario al Magisterio[161].

El Magisterio de la Iglesia, siguiendo la doctrina bíblica, y toda la tradición ética y teológica de Occidente, enseña la existencia de actos que son, en cualquier circunstancia y al margen del fin con que sean realizados, siempre y en sí mismos malos; son intrínsecamente malos, o malos por su objeto moral[162].

El Magisterio eclesiástico no puede cambiar la doctrina sobre este tema fundamental, aunque los hombres no comprendan su actitud o la rechacen. La Iglesia debe estar dispuesta a convertirse en "signo de contradicción". Escribía Pablo VI: "Se puede prever que estas enseñanzas no serán quizá fácilmente aceptadas por todos a decir verdad, no se maravilla de ser, a semejanza de su divino fundador, signo de contradicción,

---

[159] Por ejemplo, el P.J. Fuchs, representante de esta opinión: "En teoría, parece que tal universalidad no es posible. Una acción sólo es moral al considerar las circunstancias y la intención, y eso presupondría que pueden prever adecuadamente todas las combinaciones posibles de circunstancias e intenciones, lo que, a priori, no es posible. Además, la opinión contraria no tiene en cuenta, para una comparación objetiva de la moralidad, el significado de: a) la experiencia práctica, b) las diferencias de civilización, c)la historicidad humana" (Josef Fuchs, S.J., *The absolutesness of Moral Termes*, Rev. Gregorianum, 52 (1971), 449.

[160] "Vivimos, dice B. Häring, la tradición dolorosa de una época de la Iglesia del imperio constantiniana a una época de fe por decisión libre y entrega a la comunidad de fe. Existen aún el concepto de teología moral como guía para los confesores que se consideraban, principalmente, como jueces y controladores de conciencias. La escuela única, propugnada por una parte de la jerarquía, subraya en exceso la autoridad de los documentos romanos, incluso cuando están condicionados históricamente y rebosados en su propio contexto por lo que respecta a la moral...." (Bernard Häring, *Libertad y Fidelidad en Cristo*, Barcelona (1981), T.I, 352-353; la expresión citada por Häring pertenece a J.P.Mackey).

[161] F. Boeckle hablando precisamente de la *Humanae vitae* y de la contracepción escribe: "Incluso un católico fiel a su iglesia puede llegar a una conclusión diversa de la decisión magisterial; él puede sostener esta posición e incluso practicarla ya sea personalmente, o bien, por ejemplo, como médico con sus pacientes" (F. Boeckle, *Morale Fundamentale*, Brescia, (1979), 283. Lo mismo enseñan otros autores como Enrico Chiavacci (Cfr. Su libro *Studi di teologia morale*, Assisi (1971, 45.

[162] Cfr. Encíclica *Veritatis Splendor*, nn. 71-79*; Catecismo de la Iglesia Católica*, nn. 1750-1761.

pero no deja por esto de proclamar con humilde firmeza toda la ley moral, natural y evangélica. La Iglesia no ha sido la autora de éstas ni puede, por tanto, ser su árbitro, sino solamente su depositaria e interprete, sin poder jamás declarar lícito lo que no lo es por su íntima e inmutable oposición al verdadero bien del hombre" (*Humanae vitae*, n. 18). "La Iglesia, efectivamente, no puede tener otra actitud para con los hombres que la del Redentor: conoce su debilidad, tiene compasión de las muchedumbres, acoge a los pecadores, pero no puede renunciar a enseñar la ley que en realidad es la propia de una vida humana llevada a su verdad originaria y conducida por el Espíritu de Dios"[163].

[163] PABLO VI, Encíclica *Humanae vitae*, n. 19.

CAPÍTULO V

LAS TÉCNICAS DE AYUDA A LA FERTILIDAD HUMANA

En el año 2009 la Iglesia Católica dio a conocer un documento titulado *Dignitas Personae* (DP), que tenía la finalidad de abordar diversas cuestiones bioéticas relacionadas con las áreas de las técnicas de reproducción asistida y con la genética humana.

El documento DP tiene una introducción, tres partes y una conclusión. Comienza justificando que su publicación es debida a los recientes avances habidos en estos últimos años en las dos áreas antes indicadas y que no pudieron ser abordados en un anterior documento denominado *Donum Vitae* (DV). *Dignitas Personae* analiza estos nuevos avances desde los planteamientos antropológicos y éticos de DV.

El documento es muy útil y actual para conocer el pensamiento bioético de la Iglesia Católica, aclara ciertas disputas en el interior de dicho pensamiento, sugiriendo en algunas cuestiones nuevas argumentaciones justificativas, y deja otras a la libre discusión de los católicos y a un ulterior discernimiento del Magisterio. Por último, se reafirma el compromiso de la Iglesia Católica con los que son nuestros hermanos cada vez más pobres de nuestra sociedad tecnocientifica, el nuevo proletariado del siglo XXI: los embriones humanos.

Es por todos conocido la importancia que tiene el pensamiento ético que elabora y propone la Iglesia Católica en base a las Sagradas Escrituras, su Tradición y el propio Magisterio de su jerarquía realizado a través de la historia. En el caso de las técnicas de reproducción asistida *in vitro*, su aprobación o no por parte de la Iglesia Católica fue en su momento algo esperado durante algunos años, tanto por la sociedad civil como por la comunidad científica. Se trataba de ver cuál era la actitud de una de las más importantes religiones ante la novedad que suponían estas técnicas en la generación de nuevos seres humanos. El respaldo ético o no dado a ellas sería considerado importante para la legitimación y extensión de las mismas, sobre todo en la sociedad occidental. Además, en los ambientes propiamente católicos, el esperado posicionamiento de la Iglesia estaba siendo precedido de una amplia discusión que afectaba por un lado a los principios de la ética conyugal, y por otro a los del respeto debido al embrión humano.

En concreto, a la posibilidad o no de seguir manteniendo en el ámbito conyugal la verdad sobre la inseparabilidad de las dimensiones procreativa y unitiva que debe caracterizar, según *Humane Vitae*, toda unión sexual de los esposos y a la inviolabilidad o no del embrión humano desde su concepción[164].

1. ANÁLISIS Y COMENTARIO SOBRE LOS NUEVOS PROBLEMAS RELATIVOS A LA PROCREACIÓN Y A LAS TÉCNICAS QUE AYUDEN A LA FERTILIDAD HUMANA

Puestas las bases antropológicas y los criterios éticos más importantes, el documento se adentra en lo que sería la evaluación ética de una serie de nuevos problemas que han surgido dentro de la procreación humana. Hay que reconocer que en el primero de ellos la aportación de DP no es muy novedosa, aunque existen autores que opinan de otra manera. Éste consiste en abordar lo que denomina el documento «las técnicas que ayudan a la fertilidad». La instrucción recuerda la doctrina de DV, que está en continuidad con la enunciada por Pío XII[165].

El criterio es claro: la técnica será lícita sólo cuando se ayude al acto conyugal y a su fecundidad. Por el contrario, una técnica que lo sustituya será ilícita. En el terreno práctico, el documento cita algunas posibles técnicas de ayuda, como la hiperestimulación ovárica, pero el documento no se pronuncia sobre otras técnicas posibles. Simplemente recuerda las afirmaciones de DV[166].

---

[164] Es claro que la discusión de los moralistas durante la década de los ochenta del siglo pasado respecto a la fecundación in vitro fue una nueva versión de la que había existido años atrás respecto a la anticoncepción y el aborto. Muchos de los problemas, posiciones y propuestas que se habían adoptado en las anteriores décadas volvieron a reaparecer en el debate. Es más, en muchos caso eran las mismas personas las que protagonizaban las discusiones que versaban sobre si la fecundación in vitro suponía separar lo procreativo de lo unitivo del acto conyugal o si ésta era una técnica que atentaba directamente contra la vida humana embrionaria. Esta última cuestión fue la más debatida en cuanto supuso reabrir la discusión sobre la existencia o no de una condición humana del embrión preimplantatorio lo que en el argot bioético se ha denominado debate sobre el «estatuto del embrión».

[165] "No se proscribe necesariamente el uso de algunos medios artificiales destinados únicamente ya sea a facilitar el acto natural, ya sea a procurar el logro del propio fin del acto natural normalmente realizado" Pío XII, A los participantes al IV Congreso internacional de médicos católicos, 30 septiembre 1949, en AAS 42 (1949) 560.

[166] "Las técnicas que se presentan como una ayuda para la procreación "no deben rechazarse por el hecho de ser artificiales; como tales testimonian las posibilidades de la medicina, pero deben ser valoradas moralmente por su relación con la dignidad de la persona humana, llamada a corresponder a la vocación divina al don del amor y al don de la vida"... Son en cambio admisibles las técnicas que se configuran como una ayuda al acto conyugal y a su fecundidad. La Instrucción *Donum vitae* se expresa en este método: "El medico está al servicio de la persona y de la procreación humana: no le corresponde la facultad de disponer o decidir sobre ellas. El acto medico es respetuoso de la dignidad de las personas cuando se dirige a ayudar al acto conyugal, ya sea para facilitar su realización, o para que el acto normalmente realizado consiga su fin". Y, a propósito de la inseminación artificial homologa, dice: "La inseminación artificial homóloga dentro del matrimonio no se puede admitir, salvo en el caso en que el medio técnico no sustituya al acto conyugal, sino que sea una facilitación y una ayuda para que aquél alcance su finalidad natural". DP n. 12.

El documento no realiza valoración alguna sobre la transferencia intratubarica de gametos (GIFT), una técnica estandarizada en la medicina reproductiva humana, aunque poco utilizada en estos momentos, frente a la ICSI o la FIV convencional.

En definitiva, DP muestra cómo la extensión en la práctica de la FIV ha supuesto una cosificación mayor del embrión debido a la conexión existente entre abandono del contexto del acto conyugal, como origen del ser humano, y uso instrumental o productivo del embrión. Se trata de una manifestación más de cómo el acto conyugal es substituido por la técnica hasta extremos en los que el mismo fenómeno de la fecundación es desprovisto de muchas de sus características biológicas básicas, simplificándose como una mera inclusión de un núcleo en el ovocito[167].

2. PROCREACIÓN DE LA PERSONA HUMANA

Para poder entender y profundizar la reproducción humana artificial desde la moral es necesario también entender cuál es la verdad y el significado de la sexualidad humana; porque los errores sólo se perciben si se conoce la verdad, el significado y la finalidad de una realidad.

2.1. *La sexualidad humana*

La persona humana es una totalidad de cuerpo y espíritu, donde el cuerpo participa esencialmente de la condición personal.

Ese cuerpo, y en consecuencia esa persona, existe en la realidad como hombre o como mujer, es decir, la persona humana es una persona sexuada: masculina o femenina. No existen seres humanos en general, sino hombres y mujeres. De ahí, que la sexualidad no sea un simple atributo, sino que afecta al núcleo mismo de la persona. La sexualidad modaliza la persona en hombre o mujer.

La diferencia sexual, la existencia de hombres y mujeres, obedece al designio divino, y está orientada a la relación interpersonal, a la complementariedad de sexos. Damos por su puesto que, desde el punto de vista moral, el ejercicio de la sexualidad sólo es lícito dentro del matrimonio[168].

---

[167] Hace unos años acuñamos el término de *tecnofecundación* para definir este proceso gradual de tecnificación del origen humano en la FIV. Sánchez Abad, P.J. y Pastor García, L.M., *La inyección intracitoplasmática de espermatozoides ¿Avance o imprudencia científica?* Editorial Fundación Universitaria San Antonio. Murcia. 2005.

[168] J.M. PARDO SÁENZ, *Bioética práctica: al alcance de todos* RIALP, Madrid, 2004 pp. 45-47.

La donación conyugal, en el contexto del amor, implica la totalidad de la persona, va de la totalidad de la "persona mujer" a la totalidad de la "persona varón".

La procreación es una dimensión inmanente, inherente a la estructura de la sexualidad: no hay sexualidad sin procreación, ni procreación sin sexualidad. A esta dimensión de la sexualidad se le denomina procreativa.

Es a través de la sexualidad como tiene lugar la donación especifica de la entrega conyugal. El acto conyugal, como expresión de la donación reciproca conyugal, exige el respeto de la dimensión unitiva y procreativa inherente a la sexualidad humana. A fin de que el lenguaje exterior exprese la verdad interior, los actos conyugales han de respetar la dimensión unitiva y procreativa. "Por su última estructura, el acto conyugal, mientras une profundamente a los esposos, los hace idóneos para la generación de nuevas vidas, según las leyes inscritas en el ser mismo del hombre y de la mujer"[169].

2.2. *Procreación humana*

La fecundación es el proceso biológico por el que se unen las dos células reproductoras, masculina y femenina, para dar lugar al cigoto. En condiciones normales la procreación humana es una procreación sexual, que se realiza a través de la cópula sexual.

¿Qué sucede cuando la mujer o el marido son estériles? ¿Esterilidad es lo mismo que impotencia? Infértil o estéril significa imposibilidad de concebir, de dar fruto. Impotencia es la incapacidad física o psíquica del hombre para realizar el acto sexual. De ahí, que todas las impotencias causen esterilidad, pero no todas las esterilidades sean causadas por impotencia.

La esterilidad afecta aproximadamente a uno de cada siete matrimonios. Un número que parece en aumento en los países que tienen un estilo de vida occidental. En torno al 90% de los casos se debe a causas que pueden diagnosticarse y tratarse con un estudio médico adecuado. Esas causas pueden ser de origen femenino (30%), masculino (30%) o mixtas (30%). En el aproximadamente 10% restante, conocido como esterilidad de causa desconocida, el origen no ha podido determinarse.

Un matrimonio no tiene hijos necesariamente nada más casarse. Por puro azar puede pasar algún tiempo antes de que suceda el primer embarazo. Una vez pasados dos años de matrimonio sin concebir, se realizan estudios sobre los cónyuges para tratar de identificar alguna causa conocida de esterilidad[170].

---

[169] Cfr. PABLO VI, *Humanae vitae,* n. 12.

[170] J.M. PARDO SÁENZ, *Bioética práctica: al alcance de todos* RIALP, Madrid, 2004, pp. 47-48.

3. VALORACIÓN Y CRITERIO MORAL DE LA FECUNDACIÓN ARTIFICIAL Y DE LAS TÉCNICAS DE PROCREACIÓN ARTIFICIAL

El punto de partida consiste en la afirmación de que el acto conyugal es un acto de amor, de donación amorosa recíproca entre los cónyuges. La persona posee una dignidad tal que merece ser tratada con amor[171]; por eso, el acto conyugal es el único origen digno del nacimiento de una persona. El acto conyugal "no es un hecho meramente biológico", sino que "constituye un acto personal y conyugal, acto plenamente humano", en el que se involucra a cada uno de los cónyuges "a través del gesto especifico de la unión de los esposos"[172].

La comunión conyugal, también como intimidad sexual de los esposos, es el único ámbito en el cual la vida humana naciente recibe la protección y los cuidados exigidos por la dignidad humana. No existe mejor protección para una nueva vida que la garantizada por la intimidad del amor conyugal. Respecto al ser humano llamado a la existencia, sólo el amor es la actitud justa. Sólo un acto que sea al mismo tiempo un acto de amor puede poner en movimiento dignamente el proceso de la procreación humana.

La presencia simultánea del significado procreador y unitivo de la sexualidad humana posee una fuerte estructura, en la cual se garantizan bienes de gran importancia. Las técnicas de procreación artificial no son coherentes con la dignidad de la persona humana, porque tratan a la persona engendrada como un objeto[173].

Inicialmente, las técnicas de procreación artificial se proponían superar los problemas de esterilidad. En la actualidad, el recurso a las técnicas de fecundación artificial es más amplio. A ellas recurren parejas no estériles que desean seleccionar el sexo del hijo, o estar seguras de no transmitir una enfermedad, o disponer de tejidos fetales para otro hijo enfermo, los así llamados «bebés medicamento»[174].

El nacimiento de un hijo se ha convertido de deseo en derecho a conseguirlo utilizando cualquier medio para tal fin. Derecho a la descendencia en pareja o sin ella. Las técnicas de reproducción asistida se han transformado en un lucrativo negocio, cuya

---

[171] Es la "norma personalista" de Juan Pablo II, para quien "la persona es un bien respecto del cual sólo el amor constituye la única actitud apropiada": WOJTYLA, K., *Amor y responsabilidad*, plaza y Janés, Barcelona, 1996, p. 54. En R. E. DUQUE, *Teología moral especial*, EUNSA, Pamplona 2013.

[172] SGRECCIA, E., *Manual de Bioética. I. Fundamentos y ética biomédica*, BAC, Madrid, 2009, p. 612.

[173] Cfr. CAFFARRA, C., *La fecondazione in vitro. Problema etici*, "Medicina e Morale" 35/1 (1985) p.68-71. En R. E. DUQUE, *Teología moral especial*, EUNSA, Pamplona 2013, p. 302.

[174] para un análisis sobre las técnicas de procreación artificial: Cfr. RODRIGUEZ LUÑO, A. LOPEZ MONDÉJAR, R., *La fecundación "in vitro"*, Palabra, Madrid, 1986. Rodríguez Luño señala la gran cantidad de pérdidas de embriones humanos que comporta la fecundación *in vitro*, una consecuencia inevitable de transferir el origen de la vida humana desde la intimidad del amor conyugal al contexto del laboratorio científico y médico.

oferta oscila entre la posibilidad de disponer de gametos de donantes anónimos a la transferencia al útero de embriones previa selección de unas determinadas características, mediante el diagnostico genético preimplantacional.

Se trata, en fin, de reconocer que "el Derecho natural es verdadero derecho"[175], más allá de cualquier planteamiento consensual, utilitario o meramente cultural, planteamientos propios del "pensamiento débil"[176]. Los criterios morales sólo pueden buscarse en la naturaleza personal del hombre, abierto a la trascendencia, donde se descubre y reconocen unos principios morales objetivos y una verdad moral objetiva sobre el hombre.

3.1. *La inseminación asistida*

Cuando la procreación se traslada desde la intimidad del matrimonio a un laboratorio, se corre el riesgo de entender la reproducción humana como el fruto de una actividad científica. Como hemos dicho, el acto del amor conyugal es el único lugar digno para la procreación humana. Asimismo, como recoge el *Catecismo de la Iglesia católica*, el hijo es un don para la pareja y no un derecho, por eso "no puede ser considerado como un objeto de propiedad"[177].

Sin embargo, en ocasiones este objetivo no se alcanza de modo natural y la ciencia médica está en condiciones de ofrecer los medios técnicos para lograrlo. Esta ayuda médica se denomina "fecundación artificial"

Fecundación asistida es el auxilio de la ciencia médica para facilitar que el acto conyugal alcance la fecundación natural, que no es posible por algún problema en uno o ambos cónyuges.

Caffarra sostiene que se trata de una ayuda pura y simple que no sustituye la intimidad conyugal de los esposos[178]. Rodríguez Luño dirá que como la intervención medica es asistencia y no sustitución del acto conyugal, no basta que el acto normalmente cumplido sea el presupuesto sino que es también necesaria que sea respetada la unidad y

---

[175] HERVADA, J., "Los derechos inherentes a la dignidad de la persona", *Persona y Derecho*, 1 (1991) p.346. En R. E. DUQUE, *Teología moral especial*, EUNSA, Pamplona 2013. p. 304.

[176] COTTIER, G., *Reférences à la loi naturelle en bioéthique*, en "Nova et Vetera" 71 (1991),2,53. El teólogo Cottier define el pensamiento débil como una filosofía que rechaza las certezas y exalta lo provisional, así como el carácter relativo de todas las cosas. R. E. DUQUE, *Teología moral especial*, EUNSA, Pamplona 2013. p. 302.

[177] *CATECISMO DE LA IGLESIA CATOLICA*, n. 2378.

[178] Cfr. CAFFARRA, C., *Riffessione ético-teologica sulla inseminazione artificiale,* "Medicina e Morale" 1980; 30 (2): 130. En R. E. DUQUE, *Teología moral especial*, EUNSA, Pamplona 2013. p. 303.

continuidad lógica y temporal del proceso iniciado en dicho acto[179]. Dos modos de entender esta afirmación de Pío XII: "La conciencia moral no prohíbe necesariamente el uso de algunos medios artificiales destinados exclusivamente sea a facilitar el acto natural, sea a procurar que el acto natural realizado de modo normal alcance el propio fin" (*Discurso*, 29-IX-1949).

a) La ciencia ante un tratamiento de infertilidad tiene que respetar tres principios fundamentales

En la Instrucción *Donum vitae* se contraponen la «inseminación asistida» y la «inseminación artificial»: "Si el medio técnico facilita el acto conyugal o le ayuda a alcanzar sus objetivos naturales, puede ser moralmente aceptado. Cuando, por el contrario, la intervención técnica sustituya al acto conyugal, será moralmente ilícita"[180].

En la misma posición se define la Instrucción *Dignitas personae* (8-IX-2008), que establece los siguientes criterios:

"Con referencia al tratamiento de la infertilidad, las nuevas técnicas médicas tienen que respetar tres bienes fundamentales:

- El derecho a la vida y a la integridad física de cada ser humano desde la concepción hasta la muerte natural.
- La unidad del matrimonio, que implica el respeto recíproco del derecho de los cónyuges a convertirse en padre y madre solamente el uno a través del otro.
- Los valores específicamente humanos de la sexualidad, que "exige que la procreación de una persona humana sea querida como el fruto del acto conyugal especifico del amor entre los esposos"[181]. Las técnicas que se presentan como una ayuda para la procreación "no deben rechazarse por el hecho de ser artificiales; como tales testimonian las posibilidades de la medicina, pero deben ser valoradas moralmente por su relación con la dignidad de la persona humana, llamada a corresponder a la vocación divina al don del amor y al don de la vida"[182].

---

[179] Cfr. COLOM, E.-RODRÍGUEZ LUÑO, A., *Elegidos en Cristo para ser santos. Curso de teología moral fundamental*, cit., p. 149.

[180] CONGREGACIÓN PARA LA DOCTRINA DE LA FE, Instrucción *Donum vitae* sobre el respeto de la vida humana naciente y la dignidad de la procreación 1987., II. n. 6.

[181] Cfr. CONGREGACION PARA LA DOCTRINA DE LA FE, Instrucción, *Donum vitae*, II,A,1: AAS 80 (1988) 87.

[182] Cfr. CONGREGACION PARA LA DOCTRINA DE LA FE, Instrucción *Dignitas personae*, n. 12.

3.2. *La inseminación artificial*

En ocasiones, la fecundación del óvulo no es posible alcanzarla como fruto de la unión marital. Pero hoy en día la ciencia médica está en disposición de alcanzarla por medio de métodos artificiales. Uno de esos métodos es la llamada «inseminación artificial», que consiste en la introducción del semen masculino en el aparato genital de la mujer por medios artificiales.

Su empleo se ha difundido para la solución médica de las esterilidades masculinas. En algunos casos se recurre a semen del donante, estableciendo así la ficción legal de que el niño nacido es hijo del esposo de la mujer inseminada[183].

Existen dos clases de inseminación artificial: la *homóloga*, que se lleva a cabo con semen del propio esposo; y la *heteróloga*, que usa semen de un varón distinto al esposo.

*a) **Inseminación homóloga***

Se trata de la inseminación con el semen del propio esposo, llevada a cabo dentro del cuerpo de la mujer.

Un primer problema que se plantea es la obtención del semen: se juzga ilícita la masturbación; el gesto la masturbación, mediante la que se procura el esperma, "sigue estando privado de su significado unitivo"[184].

"La inseminación artificial sustitutiva del acto conyugal se rechaza en razón de la disociación voluntariamente causada entre los dos significados del acto conyugal; le falta la relación sexual requerida por el orden moral, que realiza el sentido integro de la mutua donación y de la procreación humana, en un contexto de amor verdadero"[185].

*b) **Valoración moral de la fecundación "in vitro"***

Se trata de alcanzar la fecundación en el laboratorio. Una vez producido el embrión se transfiere al útero materno.

La eficacia de la fecundación *in vitro* es bajísima: en torno al 25%.

---

[183] Un estudio detallado, en: HERRANZ, G., *Comentarios al Código de Ética y Deontología Medica,* EUNSA, Pamplona, 1992.

[184] CONGREGACION PARA LA DOCTRINA DE LA FE, Instrucción, *Donum vitae,* II, 6.

[185] CONGREGACION PARA LA DOCTRINA DE LA FE, Instrucción, *Donum vitae,* II, 6.

Además de esta tasa de éxito tan baja, esta técnica está asociada a problemas de salud o en el recién concebido. Así, los niños generados *in vitro* gozan de peor salud que los engendrados de modo natural[186].

El juicio ético es igualmente negativo. "La FIVET homóloga se realiza fuera del cuerpo de los cónyuges por medio de terceras persona, cuya competencia y actividad técnica determina el éxito de la intervención; confía la vida y la identidad del embrión al poder de los médicos y de los biólogos, e instaura un dominio de la técnica sobre el origen y sobre el destino de la persona humana. Un tal relación de dominio es en sí contraria a la dignidad y a la igualdad que debe ser común a padres e hijo. Por estas razones, el así llamado "caso simple", esto es, procedimiento de FIVET homóloga libre de toda relación con la praxis abortiva de la destrucción de los embriones y con la masturbación, sigue siendo una técnica moralmente ilícita, porque priva a la procreación humana de la dignidad que le es propia y connatural"[187].

Este mismo juicio moral se recoge en el *Catecismo de la Iglesia Católica*[188] . La Instrucción *Dignitas Personae* corrobora este mismo juicio moral negativo asumiendo la doctrina de la Instrucción *Donum Vitae*. "La inseminación artificial homóloga dentro del matrimonio no se puede admitir, salvo en el caso de que el medio técnico no sustituya al acto conyugal, sino que sea una facilitación y una ayuda para que aquel alcance su finalidad natural"[189].

Además, esta técnica posibilita otros extremos, como la manipulación y destrucción de embriones[190].

---

[186] Para una información sobre las carencias que causan los defectos y malformaciones, puede verse el excelente trabajo: Cfr. SÁNCHEZ, P.J.- LOPEZ MORATALLA, N., "Carencias de la comunicación biológica en las técnicas de reproducción asistida", *Cuadernos de Bioética*, XX, (2009) 339-355. En R. E. DUQUE, *Teología moral especial*, EUNSA, Pamplona 2013. p. 306.

[187] CONGREGACION PARA LA DOCTRINA DE LA FE, Instrucción, *Donum vitae*, II,5.

[188] Practicadas dentro de la pareja, estas técnicas inseminación y fecundación artificiales homólogas son quizá menos perjudiciales, pero no dejan de ser moralmente reprobables. Disocian el acto sexual del acto procreador. El acto fundador de la existencia del hijo ya no es un acto por el que dos personas se dan una a otra, sino que "confía la vida y la identidad del embrión al poder de los médicos y de los biólogos, e instaura un dominio de la técnica sobre el origen y sobre el destino de la persona humana. Una tal relación de dominio es en sí contraria a la dignidad e igualdad que debe ser común a padres e hijos" (Cf. CDF, instr. "*Donum vitae*" 82). "La procreación queda privada de su perfección propia, desde el punto de vista moral, cuando no es querida como el fruto del acto conyugal, es decir, del gesto específico de la unión de los esposos... solamente el respeto de la conexión existente entre los significados del acto conyugal y el respeto de la unidad del ser humano, consiente una procreación conforme con la dignidad de la persona" (CDF, instr. "*Donum vitae*" 2, 4). CEC., n. 2377.

[189] CONGREGACION PARA LA DOCTRINA DE LA FE, Instrucción, *Dignitas Personae*, n. 12.

[190] Cfr. CICCONE, L., *Bioética*, cit., p. 143 ss. Las consecuencias de la FIVET son numerosas: difusión de un concepto de procreación como mero fenómeno biológico, escisión entre sexualidad y procreación,

*c) **Moralidad de la inseminación heteróloga***

La inseminación artificial con el semen de una tercera persona es inmoral por las mismas razones que en la homóloga. Además, se violenta el sentido mismo de la paternidad, pues el hijo tiene derecho a saber quiénes son sus padres biológicos.

La inseminación artificial heteróloga es contraria a la unidad del matrimonio y a la dignidad de los esposos, así como a la vocación propia de los padres y al derecho de los hijos a ser concebidos en el matrimonio:

"Estas razones determinan un juicio moral negativo de la fecundación artificial heteróloga. Por tanto, es moralmente ilícita la fecundación de una mujer casada con el esperma de un donador distinto de su marido, así como la fecundación con el esperma del marido de un óvulo no procedente de su esposa. Es moralmente injustificable, además, la fecundación artificial de una mujer no casada, soltera o viuda, sea quien sea el donador"[191].

4. ¿EXISTE EL DERECHO A TENER HIJOS?

4.1. *El fundamento*

¿Tiene derecho la mujer, cualquier mujer sea cual sea su estado social (casada, soltera, divorciada), a tener un hijo? ¿Tiene derecho a hacer de su cuerpo lo que quiera? ¿Existe ese derecho a tener un hijo incluso al margen del matrimonio? ¿Con qué fundamento se afirma esto?

Se trata de la capacidad creadora de todo ser humano de signo biológico, y de signo psicológico, es decir, la voluntad libre de querer tener hijos: no sólo ser capaz de engendrar un hijo, sino también de querer tenerlos. Para las dos cosas tiene capacidad la naturaleza humana.

En el terreno de las técnicas de reproducción humana en el laboratorio se ha avanzado mucho y menester intentar buscar cuál es uno de los posibles fundamentos. En estos temas de la inseminación artificial y de la fecundación in vitro se suele utilizar como

---

desintegración de la paternidad y de la maternidad. Pero sin duda, la más grave consecuencia de esa manipulación o experimentación con embriones es su muerte. Poseemos una vasta bibliografía sobre manipulación de embriones, con motivaciones tanto de orden terapéutico, científico o relacionadas con la industrialización y comercialización: ROCA TRIAS, E., "El derecho perplejo: los misterios de los embriones", *Rev Der Gen* H 1994; 1: 121-15. En R. E. DUQUE, *Teología moral especial*, EUNSA, Pamplona 2013. p. 307.

[191] CONGREGACION PARA LA DOCTRINA DE LA FE, Instrucción, *Donum vitae,* II,12.

argumento para utilizar estas técnicas el derecho a tener un hijo. Pero tenemos que examinar si en realidad existe este "derecho". Porque muchos lo suelen invocar, tratando de justificar con él el recurso de las técnicas de reproducción humana. Quizá, sería más conveniente hablar del "derecho a tener un padre", no sólo de tener una madre. Se basa en la totalidad de la persona, lo mismo en su dimensión biológica que en su libre determinación; en ella podemos considerar estas dos dimensiones de la naturaleza:

a) ***La naturaleza biológica***

La primera indica una inclinación natural a la descendencia: todo ser vivo tiende a multiplicarse por la unión de los dos gametos masculino y femenino; por otra parte, esta unión es problemática: no siempre que existe esa unión física se realiza la procreación; a veces hay problemas de infertilidad o esterilidad.

b) ***La naturaleza libre***

En la libertad de la pareja de tener hijos, se supone que existe esa unión más o menos estable de vivir en pareja o en matrimonio. Además de querer tener hijos, de desearlos, está al azar biológico, que es independiente del amor y de la voluntad de tenerlos. Se trata de la capacidad educadora de la pareja[192].

Dentro de este contexto hay que considerar la llamada paternidad y maternidad responsable: el matrimonio o la pareja es la que tiene que decidir cuándo quiere tener un hijo y el número de hijos que desea tener. Cuando hablamos de esto tenemos que tener en cuenta el problema que se suscita acerca de la familia en la que debería nacer, crecer y desarrollarse el futuro niño. Porque el problema está en determinar qué entendemos por familia.

Lo normal es que el nuevo ser nazca, crezca y se desarrolle en el ámbito de la familia tradicional; lo normal es que el hijo forme parte de la familia en la que ha nacido y de la que ha nacido; lo normal es que la pareja esté formada por un núcleo heterosexual, de un hombre y una mujer; lo normal es que el núcleo de la familia sea la pareja conyugal, unida por el vinculo jurídico y sacramental.

La responsabilidad de ser padre o madre y no sólo la de tener hijos, es netamente personal, y si tiene obligación moral de planteárselo tiene que tener los medios para realizarlo. El hijo que venga no es sólo fruto de la biología, sino sobre todo es fruto del amor de la pareja y es también fruto de la historia; es decir, nace en un entorno social

---

[192] J.M. GARCIA-MAURIÑO, *Nuevas formas de reproducción humana*, SAN PABLO, Madrid 1998., p. 14.

determinado, en un tipo de familia concreto, en una generación, etc. Se puede decir que "el niño que nace es él y sus circunstancias", parafraseando a Ortega y Gasset. No parte de cero[193]. Esta paternidad está fundada:

- En la dignidad de la persona de los padres y de los hijos que van a venir.
- En la eugenesia, o el favorecer una especie humana sana y mejorable.
- En el deber de recibir al nuevo ser en un ambiente favorable.

Se trata de unos fundamentos elementales que se encuentran en la misma naturaleza humana, tanto biológicos cono de la voluntad libre del hombre y de la mujer. A partir de estos fundamentos se puede ir viendo si existe o no ese derecho a procrear.

4.2. *El derecho a procrear*

En el terreno estrictamente jurídico, es posible que no se pueda hablar propiamente de este derecho; no existe el derecho a tener hijos en ningún código civil de la misma manera que existe el derecho de propiedad o el derecho a tener una familia. Son cosas diferentes. Expondré dos tendencias distintas respecto a este posible derecho.

Entre las tendencias conservadoras, tienden a afirmar un derecho, y hasta un deber, casi ilimitado a la procreación, basadas en una concepción más bien biologicista del matrimonio cuya finalidad esencial es la procreación; y así rechazan como inmorales las intervenciones que limitan el ejercicio de la procreación, o la facilitan por medios no naturales.

Entre las tendencias progresistas tienden más a la aceptación de las intervenciones tendentes a facilitar la función reproductora humana; se basan fundamentalmente en que el fin de la pareja no es un fin puramente biológico, sino sobre todo el amor mutuo; se pueden tener hijos fuera del matrimonio; según estas posturas, el derecho a procrear es un derecho ilimitado, y por lo tanto, es coherente pensar, exagerando un poco, en tener un hijo " a toda costa". Las costas son los medios que la ciencia, la inseminación artificial y la fecundación in vitro (IA y FIV), pone a disposición para poder realizar ese deseo natural.

[193] Decía McIntyre: "Somos, lo reconozcamos o no, lo que el pasado ha hecho de nosotros, y no lo podemos erradicar de nosotros" (A, MCINTYRE, *Tras la virtud*, Critica, Barcelona 1987, 165). En J.M. GARCIA-MAURIÑO, *Nuevas formas de reproducción humana*, SAN PABLO, Madrid 1998, p. 14.

4.3. *El derecho a la procreación: los documentos*

Mencionaré una serie de documentos, civiles y religiosos, en los que se pueden encontrar las razones que se dan para afirmar o negar este derecho, suponiendo que exista.

a) Documentos civiles

1. Declaración universal de los Derechos Humanos (10 de diciembre de 1948):

"Los hombres y las mujeres, a partir de la edad núbil, tienen derecho sin restricción alguna por motivos de raza, nacionalidad o religión, a casarse y fundar una familia; y disfrutaran de iguales derechos en cuanto al matrimonio, durante el matrimonio y en caso de disolución del matrimonio" (art. 16,1).

2. Declaración de los derechos del niño (20 de noviembre de 1959):

"El niño, para el pleno y armonioso desarrollo de su personalidad, necesita amor y comprensión. Siempre que sea posible, deberá crecer al amparo y bajo la responsabilidad de sus padres y, en todo caso, en un ambiente de afecto y de seguridad moral y material; salvo circunstancias excepcionales, no deberá separarse al niño de corta edad de su madre".

3. Pacto internacional de los Derechos Civiles y Políticos (23 de marzo de 1979)

"La familia es elemento natural y fundamental de la sociedad y tiene derecho a la protección de la sociedad y del Estado" (art.23,1).

b) Documentos religiosos

1. Encíclica *Pacem in terris*, de Juan XXIII (11 de abril de 1963):

"Los hombres tienen pleno derecho a elegir el estado de vida que prefieren y, por consiguiente, a fundar una familia, en cuya creación el varón y la mujer tengan iguales derechos y deberes..."(PT 15). "La familia, la cual se funda en el matrimonio libremente contraído, uno e indisoluble, es necesario considerarla como la semilla primera y natural de la sociedad" (PT 16).

2. Concilio Vaticano II: *Gaudium et spes* (7 de diciembre de 1965):

"En su modo de obrar, los esposos cristianos sean conscientes de que no pueden proceder a su antojo, sino que siempre deben regirse por la conciencia, la cual ha de ajustarse a la ley divina... cuando con generosa, humana y cristiana responsabilidad cumplen con su misión procreadora... pero el matrimonio no ha sido instituido solamente para la procreación, sino que la propia naturaleza del vinculo indisoluble entre las personas y el bien de la prole, requieren también el amor mutuo de los esposos mismos se manifieste, progrese y vaya madurando ordenadamente" (GS n.50).

4. Carta a los Derechos de la Familia (22 de octubre de 1983):
   "Los esposos tienen el derecho inalienable de fundar una familia y decidir sobre el intervalo entre nacimientos y el número de hijos a procrear, teniendo en plena consideración los deberes para consigo mismos, para con los hijos ya nacidos, la familia y la sociedad, dentro de una justa jerarquía de valores y de acuerdo con el orden moral, objetivo que excluye el recurso a la contracepción, la esterilidad y el aborto.

En conclusión se puede decir: No existe un derecho claramente definido a tener hijos, en todas estas declaraciones no existe ninguna referencia clara al derecho a la procreación; lo más que se afirma es el derecho a fundar una familia.

Si existe un derecho a fundar una familia, el Derecho defiende a la familia como célula básica de la sociedad.

Si se puede afirmar que es bueno todo aquello que ayuda a potenciar y desarrollar la naturaleza humana; es malo lo que impide o perjudica ese desarrollo, estaría de acuerdo con la tendencia "creativa" de todo ser humano, que empieza en el nivel más instintivo, el biológico, pero que no se agota en él. Tener un hijo no es procrear y dar a luz, eso también lo hacen los animales; es ocuparse de él como un ser humano. Todo depende de las condiciones en que venga ese hijo, que por ser hijo de hombre no puede ser tratado de cualquier manera: tiene que ser de forma humana.

Lo que hay que analizar es el término y el contenido de la paternidad y maternidad responsable. La transmisión de la vida no es una acción puramente mecánica, puramente biológica, sino que exige una profunda conciencia de responsabilidad. El fin primario del matrimonio no es la procreación, sino el amor conyugal verdadero y comprometido. La dignidad humana de la pareja está por encima de su función biológica-procreativa. Así, las parejas que no tengan hijos, son tan matrimonios como las que tienen descendencia; no son los hijos los que hacen el matrimonio, sino el amor[194].

---

[194] Cfr. J.M. GARCIA-MAURIÑO, *Nuevas formas de reproducción humana*, SAN PABLO, Madrid 1998., pp. 15-25.

5. PROPUESTA PARA LAS PAREJAS QUE TIENEN PROBLEMAS DE FERTILIDAD

No existe el derecho a tener un hijo, pues éste siempre es un don de Dios. Si existe, sin embargo, el derecho a poner las condiciones para la venida al mundo de una criatura.

El magisterio de la Iglesia alienta a los padres sin hijos a que se decidan por la adopción. La Instrucción *Dignitas Personae*, al tiempo que invita a los científicos a que sigan investigando sobre las causas que provocan la esterilidad, anima a los padres que no logran descendencia al generoso acto de adoptar a niños huérfanos o abandonados:

"Para responder a las expectativas de tantos matrimonios estériles, deseosos de tener un hijo, habría que alentar, promover y facilitar con oportunas medidas legislativas el procedimiento de adopción de los numerosos niños huérfanos, siempre necesitados de un hogar doméstico para su adecuado desarrollo humano. Finalmente, hay que observar que merecen ser estimuladas las investigaciones e inversiones dedicadas a la prevención de la esterilidad"[195].

[195] CONGREGACION PARA LA DOCTRINA DE LA FE, Instrucción, *Dignitas Personae*, n. 13.

CONCLUSIONES

El matrimonio y la familia, en estos últimos tiempos modernos, ha sufrido, quizá como ninguna otra institución, la acometida de transformaciones amplias, profundas y rápidas de la sociedad; y en el momento cultural en que vivimos, esta verdad del matrimonio como origen de la familia no siempre es compartida por todos. Tampoco existe unanimidad al describir las realidades aludidas con los términos "matrimonio" y "familia".

Tras extraer las ideas importantes de cada documento y haciendo un balance final de los puntos que investigue, citaré varias conclusiones, para después concluir con una síntesis personal.

Entre el matrimonio, la persona y la sexualidad existe una intrínseca implicación: el concepto de matrimonio está ligado necesariamente al valor y significado que se atribuye a la sexualidad, la que, a su vez, depende de una concepción antropológica. Es una exigencia de la naturaleza de la relación y donación propias del matrimonio y del amor conyugal que, por ir "de persona a persona", abarca el bien de toda la persona. La condición personal del amor conyugal, y del acto conyugal como expresión de ese amor, reclama esa inseparabilidad. Y lo pide como cauce y garantía de autenticidad: tan sólo de esa manera el lenguaje de la sexualidad propio de la relación conyugal responde a la verdad de la donación que está llamada a expresar.

La relación sexual entre un varón y una mujer es la expresión más real, profunda y hermosa que se puede dar entre dos personas que se aman con un amor que compromete su vida entera en un proyecto común y único. La sexualidad humana es un tesoro, porque nos permite entregarnos a alguien y dar vida. El encuentro sexual es, ante todo, manifestación de esa donación de amor incondicional de los esposos, que es siempre espiritualmente fecunda y que se encarna también en los hijos. Por eso, la imposición o la presión para mantener relaciones sexuales no es manifestación de amor y es una actitud que debe ser rechazada siempre.

En la sexualidad humana, y en el acto conyugal, los significados unitivo y procreador están unidos inseparablemente por designio de Dios. Uno y otro se reclaman, hasta el punto que, si cualquiera de ellos falta, ni el ejercicio de la sexualidad es humana ni la unión sexual es verdaderamente conyugal. En el fondo, porque en la verdad de su dimensión ontológica constituyen una unidad. *Humanae vitae* habla de la "inseparable conexión que Dios ha querido, y que el hombre no puede romper por propia iniciativa, entre los dos significados del acto conyugal: el significado unitivo y el significado procreador".

Como virtud sobrenatural, la castidad es un don de Dios, una gracia que el Espíritu Santo concede a los regenerados por el bautismo. Es una virtud necesaria para todos los hombres, cada uno en su estado de vida. En cuanto virtud de los casados, la castidad conyugal está indisociablemente unida al amor conyugal. Integra la sexualidad de tal manera que puedan donarse el uno al otro sin rupturas ni doblez. Está exigida por el respeto y estima mutuos que como personas se deben ya los esposos; además de que así lo reclaman también los otros bienes del matrimonio. Es una virtud que está orientada al amor, a la donación y a la vida.

El matrimonio está amenazado y el amor matrimonial es profanado por el hedonismo, por el uso ilícito contra la generación. El Concilio Vaticano II pretende iluminar y fortalecer a cuantos se esfuerzan por proponer la dignidad del matrimonio y de la familia. El n. 48 de *Gaudium et Spet*, ofrece un fundamento firme sobre el carácter sagrado del matrimonio y de la familia. Habla del matrimonio desde el punto de vista profundo, porque, dirá, que sobre el reciproco consentimiento de los contrayentes se establece el vinculo que no depende del hombre, que tiene a Dios por autor. La fuente del matrimonio es Dios. El matrimonio es una institución divino-natural, que posee un carácter sagrado, y ha sido elevado por Cristo a sacramento. Cristo mismo sale al encuentro de los esposos que quedan fortificados y como consagrados.

Los cónyuges se aman como personas y aman a sus personas a través de la diferencia sexual, de la masculinidad y feminidad. Lo que se ama es la persona del otro cónyuge, y es un amor basado en la diferencia sexual. Este amor lleva al mutuo e irrevocable ordenamiento de las personas en orden a la procreación, a la educación de los hijos, así como a la complementariedad unitiva entre las personas. Los aspectos propios de la vida conyugal piden ser realizados en el amor y como expresión de ese amor.

El amor conyugal con respecto a la vida humana. El Magisterio reafirma que el matrimonio, el amor conyugal está ordenado a la fecundidad. El Concilio exige que los aspectos propios del amor conyugal estén abiertos y ordenados a la generación de los hijos. En una mentalidad hedonista, el amor conyugal corre el riesgo de ser expresión de autonomía personal, desvinculada de toda institución y ley, así como actividad sexual espontánea. En la raíz de esta corrupción se encuentra la oposición entre persona y naturaleza humana, cuyo efecto inmediato es la disociación entre amor, sexualidad y fecundidad.

El matrimonio no ha sido instituido solamente para la procreación, sino que la naturaleza del vínculo indisoluble y el bien de la prole exigen también que el amor mutuo de los esposos mismos se manifieste, progrese. Se trata de una verdadera centralidad del amor conyugal, del amor como fundamento de compromiso matrimonial, de su permanencia y duración.

El Magisterio de Juan Pablo II sobre la familia. *"Familiaris consortio"*, en la segunda parte: el designio de Dios sobre el matrimonio y la familia, señala: El amor es la vocación fundamental y natural del hombre. Esta vocación al amor se puede realizar en el matrimonio y en la virginidad. La sexualidad no es algo puramente biológico, sino que se realiza de un modo plenamente humano cuando es parte integral del amor conyugal. El amor conyugal comporta una totalidad en la que entran todos los elementos de la persona; mira a una unidad profundamente personal; exige la indisolubilidad y fidelidad de la donación reciproca definitiva y se abre a la fecundidad.

La institución del matrimonio y el amor conyugal están ordenados a la procreación y educación de la prole. El cometido fundamental de la familia es el servicio a la vida, el realizar a lo largo de la historia la bendición original del Creador, transmitiendo en la generación la imagen divina de hombre a hombre.

El objetivo fundamental del matrimonio y la familia es el servicio a la vida. La fecundidad como fruto y signo del amor conyugal. La fecundidad no se puede reducir solo a la procreación, sino que se enriquece con los frutos de la vida moral, espiritual y sobrenatural que los padres deben dar a los hijos, a la Iglesia y al mundo.

El matrimonio y la familia en el siglo XXI siguen estando amenazados por distintas ideologías. El Papa Benedicto XVI señalaba que la ideología de género es la última rebelión de la criatura contra su condición de criatura. Lo que tenemos que hacer los sacerdotes y laicos es trabajar y formar a la sociedad para que la ideología del género desaparezca. Porque está en juego la felicidad de las personas. La mejor forma de luchar contra la ideología de género es que hablemos de la verdadera razón de ser de la sexualidad. Los que defienden el género no quieren hablar de sexo porque el sexo indica algo dado, existente, físico, genético; por eso hablan de una categoría cultural, que es el género. Nosotros no somos solo animales sexuados, somos mucho más; la sexualidad nos constituye, somos hombres y mujeres. Frente a las dificultades y los peligros que pasan las familias y los matrimonios yo diría que hay muchos motivos para ser optimistas. Nunca como hoy se está teorizando tan en positivo de qué es el matrimonio y la familia. Contamos, por ejemplo, con todo el Magisterio de Juan Pablo II, que ha escrito y hablado más de la familia que todos los papas anteriores juntos. Tenemos cada vez más doctrina, más antropología sobre las claves de la familia y el matrimonio. Ante todos estos ataques de los totalitarismos y de las ideologías del siglo XX y de comienzos del XXI tenemos a la familia tan activa en la vida social como siempre. Sigue siendo la institución social cuantitativamente más presente en la vida de la gente y continua siendo la que más satisfacción genera.

Las sociedades actuales están descubriendo de nuevo a la familia; saben que los problemas de la crisis demográfica, del individualismo, de la soledad de tantas personas solo se resuelven con esa solidaridad primaria que genera la familia, que es la verdadera trabazón de los seres humanos. Hoy más que nunca necesitamos ideas claras para defenderla en positivo. Si es así, como siempre, la familia, la visión sensata de la sexualidad, se impondrá, porque es la única que tiene futuro. Solo genera futuro quien se abre a la vida; solo genera felicidad y estabilidad personal quien sitúa la sexualidad en su lugar, sin considerarla el único parámetro posible para explicar la vida personal y social.

El Papa Pablo VI realizó con la encíclica *Humanae vitae* una obra de caridad pastoral exquisita, aunque muchos se nieguen a reconocerlo. Al defender la doctrina positiva del amor conyugal, ha enseñado la doctrina del verdadero amor, protegiéndolo de todas las falsificaciones posibles. En la audiencia del 31 de julio de 1968, expresaba su esperanza de que tal doctrina fuese bien recibida por los esposos cristianos. Y tuvo sus ecos en los corazones de los hombres de buena voluntad, incluso muchos no católicos. Se mostraba una mentalidad contraceptiva que influía en dos factores determinantes: una representación ideologizada del problema demográfico y las dificultades reales que algunos matrimonios vivían respecto de este problema al que se quería dar solución por medio de los criterios científicos, relegando el primado de la ética y de la moral. Se trata del aumento de la población de los países ricos que supone una amenaza. ¿Qué ofrecen los países de Occidente al Tercer mundo?: la píldora, la esterilización, envuelta en cosas buenas. Pero no ofrecen recursos, sino obstáculos para su pleno desarrollo.

Se quieren solucionar los problemas del matrimonio únicamente con la ciencia y la técnica, relegando la reflexión antropológica y ética. El Papa realizará una llamada a que nada se justifique fuera del ámbito de la moral. Dejando la moral, se abre la injusticia. Para el Papa, el problema de la natalidad sólo se puede resolver desde la visión integral del hombre, en conformidad con las leyes morales y los principios de la misma moralidad. Desde ahí que el Papa proclame la unidad indestructible entre acto y procreación. El amor conyugal se ilumina cuando es considerado desde la fuente suprema, Dios, que es amor; y como participación de este amor verdaderamente humano en el amor divino, debe ser total, sin reservas, fiel, exclusivo, fecundo, que no se agota en la comunión de los cónyuges, sino transmitiendo nueva vida.

El Estado, en vez de proteger y cuidar a la familia y al matrimonio, en muchos lugares se ha convertido hoy en enemigo, que todo lo politiza, intentando usurpar el lugar que debería ocupar la familia.

El Magisterio de la Iglesia siempre ha respetado la libertad de las personas nunca ha obligado. Más bien la Iglesia hace una propuesta al cristiano, y a todos los hombres de buena voluntad, para ayudarles a crecer y alcanzar la capacidad de amar de verdad. También hay que señalar que el sentido profundo de la sexualidad humana solo se alcanza desde la fe en la Revelación.

La Iglesia no puede renunciar a un mensaje que conoce por la Revelación de Dios y por su experiencia milenaria como lo mejor para el ser humano en su búsqueda de sentido y felicidad: hemos sido creados por amor y elegidos para amar. La Iglesia se puede percibir como una institución que conoce bien al ser humano en todas sus facetas y que pretende ayudarle a lograr esa felicidad que, de hecho, anhela. Por otra parte, para la Iglesia todo ser humano tiene una dignidad que debe ser respetada y protegida, y no puede aceptar que una persona sea utilizada como objeto y en el caso de la sexualidad como objeto de placer.

La espera antes del compromiso, aconsejada al cristiano, se convierte entonces en una autentica protección contra el sufrimiento en el amor humano; le ayuda al cristiano a prepararse mejor para ese gran servicio de la vocación del matrimonio, de la paternidad y la maternidad. Al saber que las relaciones sexuales que les unen como una sola carne están bendecidas por Dios, la entrega del cuerpo se hace de una manera inseparable de la entrega de la persona.

El matrimonio cristiano responde perfectamente a la toma de conciencia del cristiano sobre el papel que debe desempeñar en la sociedad donde vive: por respeto y solidaridad con esa sociedad, anuncia públicamente su matrimonio y se compromete con su pareja ante ella. Además, el cristiano tiene fe en que el sacramento del matrimonio es una importante ayuda concreta para vivir mejor su vocación de fundar una familia. El matrimonio, en términos generales, constituye una unión de amor y vida entre un varón y una mujer. Dicho amor se abre a los demás al transmitir la vida, constituye la primera y vital célula de la sociedad y es una comunidad educativa donde el hijo es querido por sí mismo y no por lo que pueda valer. El matrimonio cristiano constituye, además de lo anterior, una comunidad cristiana donde se custodia, revela y comunica la fe: es una iglesia doméstica

El matrimonio y la familia no son productos culturales, aunque hunden sus raíces en la humanidad del varón y de la mujer. El matrimonio y la familia no son un invento del cristianismo ideológico. No se trata de una cuestión meramente cultural, ideológica o política. La familia es una comunidad que no encuentra su fundamento y razón de ser en las leyes ni en la utilidad de y para sus componentes, sino en la capacidad de amar conyugal y familiarmente y en la disposición de fundar sobre este amor una comunidad de vida. El origen de la familia está más allá de cualquier ideología o debate. Se basa en un hecho natural, que nos remonta al creador: la diferencia sexual varón/mujer. El hombre no es un ser abstracto; se encarna necesariamente en uno de esos dos modos humanos de ser.

La familia fundada sobre el matrimonio debe ser amparada por la ley y defendida por todas las fuerzas sociales. En consecuencia, es urgente promover una inflexión en los comportamientos políticos y sociales frente a la familia.

Una de las tareas más importantes en la sociedad actual es el redescubrimiento del matrimonio natural o real. La resurrección del prestigio del matrimonio no puede venir más que del redescubrimiento del matrimonio natural o real. El matrimonio y el derecho natural a casarse son realidades naturales, consustanciales con la propia naturaleza humana, cuya esencia y líneas maestras fija esa misma naturaleza humana. La complementariedad entre el varón y la mujer se concreta en el matrimonio, único camino de ejercicio de la sexualidad digno del ser humano. En si se trata de recuperar lo perdido, acrisolar lo viciado y proponer lo perenne. Frente a la crisis contemporánea de identidad del matrimonio, es imprescindible incorporarse más comprometidamente al actual panorama científico jurídico y multidisciplinar que estudia el matrimonio, centrando la mayoría de las energías en fortalecer unos sistemas eficaces en la formación y educación para el correcto consentimiento y comprensión de lo que es el matrimonio. También se puede proponer a los matrimonios campos de ayuda: el primer desafío es que los esposos deben redescubrir la grandeza de su vocación al matrimonio; el segundo es redescubrir el valor de la vida y la responsabilidad de los padres en la educación de los hijos. Y el último desafío es volver a poner a la familia en el centro de la sociedad.

Concluyo señalando que las familias sólidas son familias felices, y eso tiene consecuencias muy positivas para la sociedad. Un estilo de vida fundado sobre el compromiso, la estabilidad y la apertura a los hijos es bueno para todos. Por eso la familia sí importa, por eso la Iglesia sigue fiel a su misión de transmitir la verdad sobre el matrimonio y la familia.

BIBLIOGRAFÍA

MAGISTERIO (ORDENADO POR AUTORES)

CONCILIO VATICANO II, Constitución Pastoral *Gaudium et spes* (1965).

PABLO VI, Enc. *Humanae vitae* (1968).

JUAN PABLO II, Exh. Apost. *Reconciliatio et penitentia* (1984).

— Exh. Apost. *Familiaris Consortio* (1981).
— Enc. *Evangelium vitae* (1995).

BENEDICTO XVI, Enc. *Deus caritas est* (2005).

— *Caritas in veritate* (2009).

CONGREGACIÓN PARA LA DOCTRINA DE LA FE, "*De aborto procurato*" (18.XI.1974).

— Declaración "*persona humana*" *acerca de ciertas cuestiones de ética sexual* (1975).
— Instrucción *Donum vitae* sobre el respeto de la vida humana naciente y la dignidad de la procreación (1987).
— Instrucción *Donum veritatis* (1990).
— Instrucción Dignitas persona (2008).

CONGREGACIÓN PARA LA EDUCACIÓN CATÓLICA, *Orientaciones educativas sobre el amor humano* (1983).

PONTIFICIO CONSEJO PARA LA FAMILIA, *Carta de los Derechos de la Familia* (1983).

— *Sexualidad humana: verdad y significado* (1995).
— *Vademecum para los confesores sobre algunos temas de moral conyugal* (1997).
— *Familia y derechos humanos (1999).*
— *Familia, matrimonio y "uniones de hecho"* (2000).

CONFERENCIA EPISCOPAL ESPAÑOLA, *Orientaciones doctrinales y pastorales sobre el matrimonio* (1971).

— *Matrimonio y familia* (1979).

— *Matrimonio, familia y uniones homosexuales (1994).*
— *La familia, santuario de la vida y esperanza de la sociedad (2001).*
— *Hombre y mujer los creó (2004).*
— *A favor del verdadero matrimonio (2004).*
— *Algunas orientaciones sobre la ilicitud de la reproducción humana artificial y sobre las prácticas injustas autorizadas por la Ley que la regulará en España (2006).*
— *La verdad del amor humano. Orientación sobre el amor conyugal, la ideología de género y la legislación familiar (2012).*

OTROS AUTORES (ORDENADOS ALFABÉTICAMENTE)

CAFFARRA, C., *Vida en Cristo*, Pamplona 1988, 77-84.

— *Definición filosófico- teológica de la procreación responsable*, en AA.VV., *La procreación responsable*, Madrid 1988, pp. 80-85.
— *Ética general de la sexualidad,* Barcelona 1995.
— *Persona, libertad humana y corporalidad,* en A. SARMIENTO (ed.), *Moral de la persona y Renovación de la Teología Moral*, Pamplona, pp.130-138.

CICCONE, L., *Humanae vitae. Analisi e commento*, Roma 1989.

DOMINGO, M., *Las técnicas procreativas y el derecho de familia*, Madrid 2002.

DUQUE, R,E., *Teología Moral especial*, EUNSA, 2013.

FERNÁNDEZ, A., *Teología moral*, Burgos 1992.

— *La reforma de la teología moral. Medio siglo de historia*, Burgos 1997.
— *Significado unitivo y procreador. La moral conyugal,* en "Burgense" 10 (1999) 505-527.

FERNÁNDEZ BENITO, A., *Contracepción: del Vaticano II a la Humanae vitae*, Toledo 1994.

GIL HELLÍN, F., *El matrimonio: amor e institución*, en A. SARMIENTO (ed.), *cuestiones fundamentales sobre el matrimonio y la familia. II Simposio internacional de Teología de la Universidad de Navarra*, Pamplona 1980.

— *El matrimonio y la vida conyugal*, Valencia 1995.

GUTIÉRREZ PRIETO, M. T., *Los métodos naturales no son contraceptivos*, en "Palabra" 419 (1999).

ILLANES, J.L., *Amor conyugal y finalismo matrimonial*, en A. SARMIENTO (dir.), *cuestiones fundamentales en el matrimonio y la familia*, II Simposio Internacional de Teología de la Universidad de Navarra, Pamplona 1982.

JOUVE, NICOLÁS., *El manantial de la vida*, Madrid 2012.

LÉONARD, A., *La moral sexual explicada a los jóvenes*, Madrid 1994.

LÓPEZ, T., *La Paternidad responsable: significado del concepto*, en A. SARMIENTO (dir.), *Cuestiones fundamentales de matrimonio y familia*, Pamplona 1980.

MIRALLES, A., *El Matrimonio*, Madrid 1997.

PARDO, J,M., *Amor y fecundidad: ¿Realidades en conflicto? Valoración del tema en los escritos de Bernhard Häring*, EUNSA, 2010.

— *Bioética práctica al alcance de todos,* RIALP, 2004.

RHONHEIMER, M., *Ley natural y razón práctica. Una visión Tomista de la autonomía moral,* Pamplona 2000.

— *Ética de la procreación*, Madrid 2004.

RAMIRO GARCIA, F,J., *Técnicas de asistencia a la reproducción humana*, Bilbao, 2000.

SARMIENTO, A., *La familia*, en F. GUERRERO (dir.), *El Magisterio pontificio contemporáneo*, tomo II, Madrid 1992.

— *La Familia, futuro de la Humanidad. Documentos del Magisterio de la Iglesia*, Madrid 1995.
— *El don de la vida. Textos del Magisterio de la Iglesia sobre Bioética, Madrid 1996.*
— *Persona, sexualidad humana y procreación*, en A. SARMIENTO *(ed.), Moral de la persona y Renovación de la Teología Moral,* Pamplona 1998.
— *El del amor en el matrimonio,* Madrid 2003.
— *Al servicio del amor y de la vida,* Madrid 2006.
— *El Matrimonio cristiano,* 4ª Edición, Pamplona 2013.
— *La familia, transmisora de la fe. Textos de Benedicto XVI y comentarios,* EUNSA 2013.
— *Vademécum para matrimonios. Respuestas breves a cuestiones de hoy y de siempre,* EUNSA 2013.

SARMIENTO, A.- ESCRIVÁ, J., *Enchiridion Familiae*, Madrid 1992.

VILADRICH, J.P., *La familia de fundación matrimonial*, en A. SARMIENTO, *Cuestiones fundamentales de matrimonio y familia*, Pamplona 1980.

— *Agonía del matrimonio legal*, Pamplona 1997.

WOJTYLA, K., *La visione antropológica della Humanae vitae*, en "Lateranum" 44 (1978).

— *Amor y responsabilidad*, Barcelona 1996.

Printed by Books on Demand GmbH, Norderstedt / Germany